Sylvia Wetzel

in Zusammenarbeit mit Susanne Billig

Leichter leben

Umgehen mit Gefühlen

Alle Rechte vorbehalten
Dieses Werk, einschließlich aller seiner Teile, ist urheberrechtlich geschützt. Jede Verwertung außerhalb der engen Grenzen des Urheberrechtsgesetzes ist ohne Zustimmung des Verlages unzulässig und strafbar. Das gilt insbesondere für Vervielfältigungen, Übersetzungen, Mikroverfilmungen, Verfilmungen und die Einspeicherung und Verarbeitung auf DVDs, CD-ROMs, CDs, Videos, in weiteren elektronischen Systemen sowie für Internet-Plattformen.

Originalausgabe: Theseus, Berlin 2007

© Lehmanns Media, Berlin 2013
Hardenbergstraße 5
10623 Berlin

Druck und Bindung: docupoint GmbH, Barleben

ISBN 978-3-86541-519-6   www.lehmanns.de

Inhaltsverzeichnis

Vorwort 11
Danksagung 13

I. MEDITATION

Was ist Meditation? 16
Achtsamkeit 16
    Merken, was geschieht 16 – Erinnern, was wir wollten 17 – Achtsamkeit ist schon da 18 – »Wie geht es dir?« 19 – Spüren und benennen 20

Vertraut werden mit Heilung 22
    Übungen: Den Atem spüren 24 – *Den Körper spüren* 25 – *Gehen* 26

II. GEFUHLE

Grundgefühle und Reaktionen 30
Die drei Grundgefühle 30

Heilende Gefühle 33
    Geteilte Freude ist doppelte Freude 33 – Geteiltes Leid ist halbes Leid 34 – Achtsamkeit statt Routine 35
    Übungen: Angenehme Gefühle 36 – *Unangenehme Gefühle* 37

Innen und Außen 38
    Anlässe 39 – Stimmung 41 – Hintergrund 43 – »Weise Selbstsucht« 44
    Übungen: Innen und Außen bei Konflikten 45 – *Innen und Außen bei angenehmen Gefühlen* 46

Sand im Getriebe: Wie kommt der Ärger in mein Herz? . . . 46
    Sechs Faktoren wühlen Emotionen auf 47
    Übungen: Schlechte Gewohnheiten erkennen 52 – *Heilendes Verhalten einüben* 53 – *Was mache ich den ganzen Tag?* 54

Grundstimmungen 55

Grundstimmungen und Kontinuität 56

Drei Typen von Persönlichkeiten 57
    Übung: Mein soziales Umfeld 59

Angenehme und unangenehme Gefühle 60
    Fünf Hindernisse 60 – »Es ist doch einfach so!« 61 – Habenwollen 62
    Übung: Mit allen Sinnen leben 65 – *Sternstunden* 66

Nicht-Habenwollen 67
    Unangenehme Gefühle akzeptieren 67 – Mitgefühl und Gleichmut 69 – Körperliches Wohlbefinden 71
    Übungen: Mitgefühl und Mitleid 72 – *Gleichmut und Gleichgültigkeit* 74

Trägheit, Sorgen, Zweifel, Schuldgefühle 75

Drei Arten von Trägheit 75
    Kreativer Umgang mit Trägheit 76
    Übungen: Müdigkeit und Trägheit 79 – *Energie tanken* 80 – *Was ist mir wichtig im Leben?* 80

Unruhe und Sorgen 81

Selbstzweifel und Unentschlossenheit 83
   Am Ball bleiben 86
   Übungen: Meine Lieblingssorgen 86 – *Meine Lieblings-*
   zweifel 87 – *Was ist mir wichtig im Leben?* 88

Schuldgefühle 88
   Übung: Meine Lieblingsvorwürfe an mich selbst 90
   Verantwortung 90
   Übung: Welche Fähigkeiten an mir schätze ich? 91

Die Leiden des Lebens 93

Angst 93
   Übung: Wie fühlt sich Angst an? 95
   Angst und Abgetrenntheit 96 – Konkrete Furcht und
   existenzielle Angst 97 – Die Vier Edlen Wahrheiten 100

Leiden als Grundtatsache des Lebens 101
   Acht Arten von Leiden spüren und annehmen 102
   Übung: Vor welchem Leiden fürchte ich mich
   am meisten? 103
   Sechs Arten von Leiden spüren und annehmen 103
   Übungen: Sicherheit im Leben 105 – *Von der Unzufrieden-*
   heit zum inneren Frieden 108 – *Leben und Tod gehören*
   zusammen 110 – *Was kommt nach dem Tod?* 113 – *Auf und*
   Ab 115 – *Geteiltes Leid ist halbes Leid* 118

Positive Angst 118
   Das Ende allen Leidens 120
   Übung: Heilsames und unheilsames Verhalten 120

III. WIRKLICHKEIT

Vertrauen und Erwachen 124

Drei Ebenen des Vertrauens 125

Der Umgang mit Vorbildern 126

Die Welt als Spiegel 128
   Übungen: Ent-täuschungen 129 – *Vertrauen* 130 –
Vorbilder 130 – *Was klappt im Leben?* 131 – *Wasser findet
immer einen Weg* 132 – *Meine höchsten Lebensziele* 132

Freude als Weg 133
Vier Ebenen des Glücks   134
   Übungen: Freude am Tun 137 – *Angenehme Gefühle* 137 –
Mit allen Sinnen leben 137 – *Sternstunden* 137

Kostbares Menschenleben 138
   Wie wunderbar, ich kann sehen 139
   Übung: Freude an den Sinnen 140
   Gute Bedingungen 141
   Übung: Was klappt im Leben? 142

Probleme, die wir nicht haben 143
   Leben in der Hölle 143 – Leben in der Gier 144 – Leben in
Zwang und Gewohnheit 145 – Leben mit zu vielen
Privilegien 146

Die richtige Mischung aus Glück und Leid 149
   Übung: Welche Probleme habe ich nicht? 149
   Das Wunder des Augenblicks 150
   Übungen: Verbundenheit 152 – *Sternstunden* 152

Annäherungen an die Natur des Geistes 153
   Verschiedene Aspekte der Einsicht 154

Buddha-Natur 155
   Offen und weit wie der Himmel 156 – Leuchtend wie die
Sonne und warm wie ihre Strahlen 157 – Ruhen in der Natur
des Geistes 158 – Weisheit, Liebe und kluges Handeln 160
   Übung: Öffnen, spüren, erkennen 160

Wie wirklich ist die Wirklichkeit? 161
    Was ist das? 163

Vier Schleier 164
    Die Schleier lüften 166 – Gültige und ungültige
    Konzepte 168 – Die Gegenwart nüchtern zur Kenntnis
    nehmen 170 – Die innere Weisheit entdecken 171 –
    Drei Arten von Weisheit 172
    Übungen: Gewohnheiten 174 *– Ent-täuschungen* 174

Ruhe und Einsicht 175
    Aus dem Traum erwachen 176
    Übungen: Alle Dinge sind wie ein Traum 178 *– Untersuche die
    Natur des Geistes* 179 *– Leben ist ein Wunder* 180 *– Ruhe in der
    Natur des Geistes* 180 *– Nach der Übung: Sei ein Kind der
    Illusion* 181

IV. ÜBUNG

Was ist Übung? 184
Systematisch üben 184
    Die Einstellung beim Üben 185 – Inspiration, Sammlung,
    Einsicht 187 – Stabil, aufrecht und entspannt 188 –
    Selber erleben und verstehen macht frei 188 – Allein und
    mit anderen 189

Stichworte für die regelmäßige Übung 189
    Einstimmung 190 – Motivation und Inspiration 190 –
    Sammlung 190 – Einsicht 190 – Ausklang 191

Überblick über einfache Grundübungen 191
    Den Atem spüren 191 – Den Körper spüren 192 –
    Gehen 192

Die Übungen in alphabetischer Reihenfolge 193

Texte für die Meditation 195
   Warum willst du meditieren? 195 – Herzensrat 197 – Sehen
befreit 198 – Freiheit 199 – Geist 199 – Nackt ward ich
geboren 199 – Sitz aufrecht! 200 – Frei und leicht. Ein spontaner Vajragesang 200 – Was ist Geist? 202 – Alle Dinge sind
Buddha 203 – Kanzeon! 203

Nachwort 205
Der Buddha und seine Lehren 205
   Der Buddha 205 – Die Lehren 207 – Weiterführende
Literatur 208 – Literatur zu den Themen dieses Buches 209

Anhang 213
Leseempfehlungen 213
Adressen 223
Biografische Notizen 224

Vorwort

Leichter leben, Glück und Verbundenheit, Frieden und Freude erleben – wer möchte das nicht! Schnell stoßen wir dabei auf Schwierigkeiten und Hindernisse. Wenn wir ehrlich sind, müssen wir zugeben: Die meisten Schwierigkeiten machen wir uns selbst. Warum ist das so? Es fehlt uns an Selbsterkenntnis, sagen die buddhistischen Traditionen. Buddhistische Übungen können uns helfen, unsere Verhaltensweisen, emotionalen Muster und verborgenen Gefühle deutlicher zu bemerken. Und was wir bemerken, können wir auf sanfte Weise so verändern, dass unser Herz sich öffnet und unser Geist sich klärt. Nach und nach entdecken wir Spielräume für neues Verhalten. Wir werfen unnötigen Ballast ab – unser Leben wird leichter.

Wir alle fangen auf dem Weg der Selbsterkenntnis und der Herzensschulung da an, wo wir stehen. Manche Menschen suchen Entspannung und wollen sich nach der Arbeit erholen. Andere fühlen sich von dem positiven Menschenbild des Buddhismus angesprochen. Wieder andere möchten sich besser konzentrieren oder ihre Gefühle genauer verstehen. Alles das ist willkommen. Die Thesen und Übungen dieses Buches sind so formuliert, dass niemand Meditationserfahrungen oder Wissen über den Buddhismus braucht. Lehren und Praktiken wurden weitgehend kulturneutral aufbereitet und in einer eher psychologischen Sprache formuliert. Dreh- und Angelpunkt eines guten Lebens ist tiefe Wertschätzung für uns und andere Menschen. Im Grunde unseres Wesen sind wir alle in Ordnung, behauptet der Buddhismus, weil die Natur unseres Geistes offen, klar und feinfühlig ist. Je mehr wir das spüren, desto leichter wird unser Leben. Aus diesem Grund sind die Hinweise auf die Natur des Geistes der rote Faden des Buches.

Die Beschäftigung mit den Thesen und Übungen dieses Buches ersetzt allerdings keine psychotherapeutische Begleitung in schweren Lebenskrisen oder bei psychischen Krankheiten. Das Buch richtet sich in erster Linie an Menschen, die einigermaßen mit ihrem Leben zurechtkommen.

Aus der großen Vielfalt buddhistischer Thesen und Übungen habe ich für dieses Buch diejenigen ausgewählt, die besonders gut funktionieren. Die Teilnehmerinnen und Teilnehmer meiner Übungstage und -wochen haben sie ausprobiert und für gut befunden. Als Buddhistinnen und Buddhisten empfinden sich viele von ihnen übrigens nicht. Dieses Buch wendet sich ausdrücklich auch an Menschen, die nicht zum Buddhismus konvertieren wollen. Es reicht, wenn Sie einen kontemplativen Zugang zu ihren Lebensproblemen suchen und offen sind für Anregungen aus den buddhistischen Traditionen.

Sie können das Buch systematisch durcharbeiten oder einfach mit dem Kapitel beginnen, das Sie besonders anspricht. In beiden Fällen empfiehlt es sich, nach der Lektüre eines Kapitels zumindest eine der vorgeschlagenen Übungen durchzuführen, um »auf den Geschmack des Übens« zu kommen.

Leben Sie leichter!

Jütchendorf im Mai 2002
Sylvia Wetzel

Vorwort zur Neuausgabe 2013

Ich freue mich, dass dieses Buch jetzt bei Lehmanns Media wieder erhältlich ist. Viele Leserinnen und Leser haben mir geschrieben oder bei öffentlichen Vorträgen erzählt, dass sich durch die hier vorgestellten Thesen und Übungen Ihr Leben zum Positiven verändert hat.

Jütchendorf im November 2012
Sylvia Wetzel

Danksagung

Mein erster Dank geht an meine buddhistischen Lehrer und Lehrerinnen, die mich in die lebendigen Traditionen des tibetischen Buddhismus, des Rinzai-Zen und des Theravada eingeführt haben. Ebenso sehr danke ich den Teilnehmerinnen und Teilnehmern meiner Kurse. Mit ihren positiven Erfahrungen bestärken sie mich darin, einen eigenständigen westlichen Weg im Buddhismus zu suchen. Gemeinsam finden wir Wege, wie wir – Frauen und Männer – die zeitlosen Lehren des Buddha in unserer Kultur leben können.

Ein großes Dankeschön an Susanne Billig, die das Manuskript dieses Buches stilistisch einfühlsam überarbeitet und mit einem guten Sinn für dramaturgischen Aufbau und pädagogische Wirkung neu gegliedert hat. Ihre Erfahrungen als Autorin und Journalistin trugen sehr zur Klarheit und Alltagsbezogenheit der endgültigen Fassung bei. Die Gespräche mit Susanne Billig, wir kennen uns seit 1990, inspirierten mich insbesondere auch dazu, dem Thema »schwierige Erfahrungen« mehr Raum zu geben und auch Formen der Angst ausführlicher zu behandeln, als das im buddhistischen Kontext üblich ist. Durch unsere Gespräche über Sinn und Unsinn spiritueller Praxis in größeren Lebenskrisen wurde mir noch deutlicher, wie bedeutsam stabile soziale Gefüge für die Heilung emotionaler Verletzungen und für die Entwicklung eines gesunden und tragfähigen Selbstvertrauens sind. Spirituelle Praxis allein reicht da wirklich nicht aus.

Gute Buchtitel erleichtern den Zugang zu Büchern – ein besonderes Dankeschön an Andrea Krug für den Titelvorschlag.

Ich möchte mich an dieser Stelle auch bei Ursula Richard, der Lektorin des Theseus Verlages, für den Anstoß zu diesem Buch bedanken. Durch ihr Engagement für zeitgenössische Interpretationen des Buddhismus aus westlicher Feder trägt sie sehr dazu bei, dass westliche Menschen Zugang zu den lebensnahen Konzepten und praktischen Methoden des Buddhismus finden. Dank auch für viele anregende Gespräche zu einzelnen Themen.

I.
MEDITATION

Was ist Meditation?

Achtsamkeit

Das Schlüsselwort buddhistischer Meditation ist Achtsamkeit. Das deutsche Wort Achtsamkeit ist die Übersetzung eines buddhistischen Fachbegriffs, der im indischen Sanskrit *smrti* und im indischen Pali *sati* heißt. Der Begriff *smrti* oder *sati* hat die beiden Bedeutungen »merken« und »erinnern«.

Die erste Bedeutung besagt: Achtsam sein oder Achtsamkeit üben bedeutet schlicht merken, was wir gerade tun, sagen oder denken. Alle Menschen können ab einem bestimmten Alter nicht nur sehen, hören, riechen, schmecken, spüren oder denken. Sie können auch *merken*, dass sie dies alles tun. Meist sind wir jedoch so identifiziert mit dem, was wir tun, sagen und denken, dass wir auf unsere Wahrnehmung nicht achten. Stattdessen halten wir unser unmittelbares Tun und unsere Gedanken für das ganze Leben. Nun, und wenn schon? Das mögen Sie jetzt vielleicht einwenden. Warum müssen wir merken, was wir tun und denken? Was nützt uns das?

Merken, was geschieht

Wenn wir nicht merken, dass wir müde sind, arbeiten wir zu lange. Wenn wir nicht merken, dass wir satt sind, essen wir zu viel. Wenn wir nicht merken, dass wir uns ständig einreden, keine Zeit zu haben, glauben wir das. Dann fühlen wir uns unter Zeitdruck, obwohl uns vielleicht niemand vorschreibt, welche Aufgaben wir in welcher Zeit erledigen müssen. Wenn wir nicht merken, dass wir selbst schlechter Laune sind, glauben wir, all unsere Arbeitskollegen seien mit dem falschen Bein aufgestanden. Wenn wir nicht merken, dass unsere Nachbarin heute einen schlechten Tag hat, nehmen wir ihre Unfreundlichkeit persönlich und sind verletzt. Merken wir jedoch, was mit uns und mit anderen geschieht, haben wir mehr Raum. Wir können prüfen, ob eine Situation außen und innen so ist, wie sie uns gerade erscheint, oder ob Gedanken, emotionale Muster oder körperliche Beschwerden unseren Blick auf uns und die Welt verzerren.

Achtsamkeit schafft Raum. In diesem Raum können sich Mut, Vertrauen und Ausdauer entfalten. Diese Eigenschaften sind wichtig, wenn wir unsere Einstellungen und Verhaltensweisen an die vielen Situationen anpassen möchten, auf die wir täglich treffen. Und wenn wir unser Verhalten angemessen ausrichten können, werden diese Situationen für uns und für andere angenehmer und produktiver.

Achtsamkeit bedeutet also zunächst zu merken, was geschieht. Wir brauchen nicht sofort alles zu verändern, und das können wir auch nicht. Wir können auch nicht sofort alles merken, was geschieht.

Wie immer, wenn wir etwas Neues lernen, fangen wir mit kleinen Schritten an.

Erinnern, was wir wollten

Die zweite Bedeutung von *sati* ist »erinnern«. Woran sollen wir uns erinnern? Wenn wir gerade auf dem Weg ins Wohnzimmer sind, uns dann am Tisch wiederfinden und nicht mehr wissen, was wir eigentlich hier wollten – dann ist es vorteilhaft, wenn wir uns daran erinnern können, dass wir die Zeitung holen wollten. Wenn wir uns bei der Meditation in Plänen, Gedanken oder Sorgen verlieren, dann ist es vorteilhaft, dies zu merken und zu unserer Übung zurückzukehren. Wir brauchen Achtsamkeit für unsere alltäglichen Verrichtungen. Wir brauchen Achtsamkeit für die Meditation, für die Gespräche, die wir führen, und für die Arbeit, die wir erledigen möchten. Je achtsamer wir sind – je häufiger wir merken, was wir tun, sagen und denken, je häufiger wir uns erinnern, was wir eigentlich wollten – desto einfacher wird unser Leben. Dann sind wir präsent und wach und können angemessen handeln und reagieren.

Vielen Menschen erscheint es aber anstrengend und lästig, allzu viel über sich und andere nachzudenken. Sie möchten lieber spontan leben, »aus dem Bauch heraus«. Dieser Wunsch ist verständlich. Dennoch: Wenn wir nicht merken, was wir tun, kann es passieren, dass wir uns lediglich in eingefahrenen Gewohnheiten bewegen. Was wir für spontanes Handeln halten, ist möglicherweise eingefahren und automatisch. Wie können wir unterscheiden, ob wir eingefahren oder spontan handeln? Wenn wir nur *eine* Möglichkeit des Verhaltens sehen und andere Vorgehensweisen als störend empfinden, ist unser Verhalten sehr wahrscheinlich automatisch und nicht spontan. Spontaneität kann auf unvorhergesehene Ereignisse gut reagieren und geht mit einem Gefühl von Offenheit und Raum einher, mit Lebendigkeit, Leichtigkeit und Freude. Spontane Menschen sind eher heiter. Spontaneität erwächst nicht daraus, dass wir Aufmerksamkeit vermeiden, sondern im Gegenteil:

Wir können spontan reagieren, wenn wir den vielen Möglichkeiten des Lebens unseren achtsamen Respekt entgegenbringen.

Achtsamkeit ist schon da

Der Buddhismus geht davon aus, dass alle Menschen von vornherein ein gewisses Maß an Achtsamkeit besitzen. Achtsamkeit gilt als eine der »fünf Fähigkeiten«, die allen Menschen ab einem bestimmten Alter zur Verfügung stehen. Achtsamkeit müssen wir also nicht mühsam erfinden, sondern sie ist bereits in uns vorhanden. Wollen wir allerdings achtsamer und wacher werden, dann geschieht dies nicht von allein. Wollen wir häufiger merken, was wir tun und was in uns geschieht, so kommen wir um das Üben nicht herum. Vielen Menschen fällt es schwer zu üben. Sie denken lieber, als dass sie handeln und tun. Andere möchten alles gleich »richtig« machen und haben große Erwartungen an sich. Dieses Buch möchte Ihnen einen einfachen Weg zu mehr Achtsamkeit zeigen. Es geht nicht darum, alles gleich richtig zu machen, und es geht nicht um schnelle Erfolge. Achtsam zu werden heißt, die vielfältigen Prozesse in uns mit Geduld und Freundlichkeit zu betrachten und anzunehmen.

Es gibt vier Bereiche, auf die wir achten können: das körperliche Empfinden, Gefühle, Grundstimmungen und Gedanken. In den folgenden Kapiteln soll beschrieben werden, wie wir diese vier Bereiche immer besser kennenlernen können.

Weil alles Lernen bei uns selbst beginnt, fangen wir mit einfachen Achtsamkeits-Übungen im Alltag an.

»Wie geht es dir?«

Achten Sie manchmal darauf, wie Sie atmen? Schnell, flach, tief oder langsam? Wie Sie gehen? Sind Sie häufig in Eile? Laufen Sie die Treppen hinauf und hinunter? Erledigen Sie gerne »schnell noch« dieses und jenes? Oder gehören Sie zu den gemütlichen Menschen, die sich eher gemächlich bewegen und sich sogar Zeit nehmen, wenn sie beim Zeitunglesen den Kopf heben? Wir können hin und wieder gezielt darauf achten, wie wir uns körperlich fühlen und wie wir uns bewegen. Wenn wir gehen, reden, sitzen oder liegen, können wir unser körperliches Befinden spüren.

Jeden Tag stellen uns andere die Frage: »Wie geht es dir?« Worauf achten wir, bevor wir auf diese Frage antworten? Achten wir überhaupt auf etwas? Oder sagen wir einfach: »Danke, gut.«? Wir können uns jetzt fragen: »Wie geht es mir? Jetzt in diesem Augenblick?« Wir können die Augen für einen Moment schließen und uns die Frage noch einmal stellen: »Wie geht es mir jetzt gerade?« Was fällt uns zuerst ein? Spüren wir den verspannten Rücken? Oder einen Druck am Knie? Seufzen wir und erinnern uns an einen Wortwechsel, der uns heute verletzt hat? Haben wir das Gefühl, mit dem linken Fuß zuerst aufgestanden zu sein? Merken wir, dass wir den ganzen Tag nicht recht in Schwung kommen, müde und lustlos sind? Merken wir, dass uns vor tausend Ideen und Plänen der Kopf brummt?

Was fällt uns ein zu der Allerweltsfrage: »Wie geht es dir?«

Spüren und benennen

Ohne Expertinnen und Experten der Psychologie zu sein, wissen wir alle, dass körperliches Befinden und seelische Vorgänge miteinander verknüpft sind. Wenn wir uns ärgern oder aufgeregt sind, atmen wir kürzer und heftiger. Wenn wir traurig sind, seufzen wir. Dieser Zusammenhang ist allen Menschen aus ihrem eigenen Erleben vertraut.

Viele meditative Traditionen machen sich die enge Verbindung zwischen Atmen und seelischem Befinden zu Nutze. Wenn wir Atem-Meditationen durchführen, schärfen wir unsere Achtsamkeit zunächst am Atemrhythmus. Wir nehmen die körperlichen Bewegungen wahr, die durch das Atmen in Gang gesetzt werden. Wir achten auf das Heben und Senken der Bauchdecke, die sich im Atemrhythmus bewegt. Wir achten auf das Aus- und Einströmen des Atems an den Nasenöffnungen und spüren die Körperempfindungen, die durch das Ausströmen am vorderen Ende der Nasenscheidewand spürbar sind. Wir folgen dem natürlichen Atemrhythmus und spüren den Körper im Atemrhythmus. Meist wird der Atemrhythmus ruhiger und tiefer, wenn wir eine Weile still sitzen und den Atem spüren, der in seinem eigenen Tempo vor sich geht. Um zu merken, dass wir aus- und einatmen, können wir den Prozess auch benennen und innerlich »Aus« und »Ein« sagen.

Nach wenigen Atemzügen merken wir, dass noch mehr geschieht: Wir hören Geräusche, spüren Druck oder Spannung am Rücken oder in den Beinen und denken an dieses und jenes. Dies zu bemerken ist die zweite Hälfte der Übung. Sinnesempfindungen und Gedanken sind keine Störungen. Wir machen nichts falsch, wenn sie auftreten. So funktioniert Wahrnehmung – wir sind schließlich nicht tot. Wir können aber lernen, diese Prozesse zu merken. Das geht leichter, wenn wir das, was geschieht, innerlich benennen. Wenn wir einen Druck an der linken Schulter spüren, sagen wir »spüren«. Wenn wir einen Hund bellen hören, sagen wir »hören«. Denken wir an ein Gespräch vom Abend zuvor, sagen wir »denken« oder »Vergangenheit«. Fällt uns ein, was wir nach der Meditation tun wollen, sagen wir »denken« oder »Zukunft«. Für viele Menschen bieten diese Begriffe eine erste Orientierung im Dschungel der Gedanken, Gefühle, Bilder und Sinneswahrnehmungen: »hören« und »spüren«, »Zukunft« und »Vergangenheit«, »angenehm« und »unangenehm«. Die Benennung »angenehm« und »unangenehm« soll uns nicht zum Bewerten verführen, sondern uns helfen, die emotionale Färbung unserer Gedanken zu bemerken.

Üben wir auf diese Weise, werden wir nicht nur ruhiger und gesammelter, sondern gewinnen auch recht schnell einen ersten Einblick in die Muster unserer inneren Vorgänge. Auf diese Weise verschwenden wir nie Zeit beim Üben. Können wir beim Atemrhythmus bleiben, fördern wir Ruhe und Sammlung. Denken wir an andere Dinge und bemerken dies, so fördern wir die Einsicht in unsere innere Verfassung. Die Atem-Meditation macht uns nicht nur aufmerksamer und wacher, sondern auch ruhiger. Selbst wenn wir nur zwei, drei Minuten mit einem Teil unserer Aufmerksamkeit beim Atem bleiben, erfrischt uns die Übung und weckt Freude.

Achtsamkeit ist Ruhe und Freude.

Vertraut werden mit Heilung

Meditation schließt noch mehr ein als Atem-Übungen. Das tibetische Wort für Meditationsübung ist »goms«. Das Verb »gom« bedeutet »sich vertraut machen«. An dieses Alltagsverb wird eine Endung angehängt, die auf Aktivität verweist. »Goms« bedeutet also »sich aktiv vertraut machen«. Womit machen wir uns in einer Meditationsübung vertraut? »Mit dem, was uns heilt«, heißt es im Buddhismus. Diese Formulierung macht uns klar, dass Meditation etwas mit uns zu tun hat – mit unserer Heilung, mit der Zeit, die unsere Heilung braucht. Wir können uns nicht in zehn Minuten mit dem vertraut machen, was uns heilt. Wir müssen wissen, was uns fehlt, welche Ursachen unser Leiden hat, ob eine Heilung möglich ist und wie sie aussehen könnte. In diesem weiten Sinne ist vieles Meditation und Übung: still sitzen und gehen, nachdenken und Mantras singen, innere Bilder entwickeln, Worte und Sätze im Herzen bewegen.

Bei der Meditation geht es nicht in erster Linie darum, ruhig und klar zu werden, nicht mehr zu denken oder tiefe Einsichten in die Gesetze des Lebens zu gewinnen. Mit der Zeit erreichen wir solch weit gesteckte Ziele möglicherweise. Zunächst jedoch geht es einfach darum, Achtsamkeit zu üben.

Meditation heißt vertraut werden mit dem, was uns heilt und hilft.

Zu den Übungen

Sie können sich auf den Boden oder in einen bequemen Sessel setzen, eine Übung durchlesen und die entsprechenden Fragen auf sich wirken lassen. Wer gerne schreibt, kann auch ein Tagebuch anlegen oder sich hin und wieder Notizen zur Übung machen.

Viele Menschen finden es hilfreich, sich für ein, zwei Monate regelmäßig, am besten jeden Tag, mit einer Übung zu befassen. Alle Übungen in diesem Buch können Sie mit Gewinn für sich allein ausprobieren. Ihre volle Wirkung werden Sie dann spüren, wenn Sie Menschen begegnen, die mit diesen Übungen leben. Wer sich ernsthaft auf den Weg machen möchte, sei auf den Anhang verwiesen. Dort erfahren Sie, mit wem und wo Sie unter kompetenter Anleitung üben können.

Wenn Sie sich die ersten Male zur Übung hinsetzen oder achtsam gehen, essen oder abwaschen, darf es Sie nicht entmutigen, wenn Sie sich dabei unruhig oder schläfrig fühlen. Häufig sind solche Empfindungen ein Hinweis darauf, dass Sie sich mit ihrem Alltag überfordern. Wenn Sie weiterüben, werden Sie den Mut und die Kraft finden, etwas an ihrem Tagesablauf zu verändern. Gehen Sie früher zu Bett oder legen Sie hin und wieder kleine Pausen ein. Sind Sie bei der Übung eher unruhig, achten Sie auf die »Unruhestifter« in ihrem Alltag. Vielleicht müssen Sie nicht immer drei, vier Dinge gleichzeitig erledigen und fortwährend Musik hören und jede Stunde die Rundfunknachrichten. Nicht Meditation macht müde oder unruhig. Mit Hilfe der Meditationsübung können wir *merken*, dass wir unruhig oder müde sind. Wenn wir dies über mehrere Wochen gründlich merken, sind wir bereit, kleine Dinge zu verändern.

Sie können einige der folgenden Übungen ausprobieren und herausfinden, was Ihnen hilft und was Sie heilt. Wenn Sie ein oder zwei Übungen gefunden haben, die Ihnen zusagen, dann führen Sie diese Übungen für zwei oder drei Monate so regelmäßig wie möglich aus. Fünf, sechs Mal die Woche fünf bis zehn Minuten üben – das ist ein guter Anfang, der nicht überfordert. Sie können mit Geh-Übungen anfangen, wenn Ihnen die Sitzmeditation zu anstrengend ist. Oder Sie können im Liegen die Übung »Den Körper spüren« durchführen. Manche Menschen rezitieren gerne Mantras. Beliebt unter tibetischen Buddhisten ist das Mantra der Liebe und des Mitgefühls »Om Mani Padme Hum«. Das ist Sanskrit und bedeutet wörtlich »Om Juwel im Lotos Hum«. Durch die Rezitation aktivieren wir »das Juwel der Liebe im Lotos unseres Herzens«, wie man es poetisch ausdrücken kann. Die Silbe Om steht für das höchste Ideal, das Buddhistinnen und Buddhisten mit »Erleuchtung« umschreiben. Christinnen und Christen würden vielleicht von »Erlösung« sprechen. Die Silbe Hum steht für Stabilität: Rezitieren soll die Liebe stabil im Herzen verankern. Sie können Mantras entweder laut nach traditionellen Melodien singen oder leise in einem schnelleren Rhythmus rezitieren. Mantras lassen sich bei alltäglichen Verrichtungen rezitieren, die nicht unsere ganze Aufmerksamkeit fordern, beim Autofahren oder Gemüseschneiden, beim Aufräumen oder Abwaschen. Wer merkt, dass keine dieser Eingangsübungen passt, kann sich zunächst den thematischen Übungen zuwenden. Wenn wir in der Meditation über uns selbst nachdenken dürfen, motiviert uns das vielleicht mehr als die etwas eintönige Aufgabe, den Atem zu spüren.

Übung: Den Atem spüren

Wir atmen im natürlichen Rhythmus, lang oder kurz, tief oder flach.
Wir brauchen den Rhythmus nicht willentlich zu steuern.
Wir lassen den Atem so fließen, wie er gerade ist.
Damit wir mit der Aufmerksamkeit leichter beim Ein- und Ausatmen bleiben können, können wir verschiedene Techniken ausprobieren und schauen, was uns am besten hilft. Wenn wir jeden Zyklus mit dem Ausatmen beginnen, können wir uns leichter entspannen.
Aus-Ein: Wir sagen innerlich beim Ausatmen »Aus« und beim Einatmen »Ein«.
Ein: Sind wir eher ein wenig müde, achten wir nur auf das Einatmen und sagen dabei »Ein«. Beim Ausatmen lockern wir die Aufmerksamkeit. Das macht munter.

Aus: Sind wir eher etwas aufgedreht und nervös, achten wir nur auf das Ausatmen und sagen dabei »Aus«. Beim Einatmen lockern wir die Aufmerksamkeit. Das beruhigt.

Zählen: Sind wir sehr unruhig, zählen wir die Zyklen beim Ausatmen bis zehn und zählen dann wieder rückwärts bis eins. Das wiederholen wir für die Dauer der ganzen Sitzung.

Welle: Menschen, die gerne mit Bildern arbeiten, können sich vorstellen, sie sitzen am Meer und schauen zu, wie die Wellen im Rhythmus des Atems ans Ufer schlagen und wieder ins Meer hineinsinken.

Wolke: Wer körperlich angespannt ist, kann sich vorstellen, in einer weichen weißen Wolke zu sitzen. Die Wolke wird im Rhythmus des Ausatmens größer und wieder kleiner beim Einatmen.

Raum-Vertrauen: Beim Ausatmen spüren wir den Raum um uns herum, im Zimmer und draußen, unter und über den Wolken und sagen dabei innerlich »Raum«. Beim Einatmen spüren wir Vertrauen in unsere Fähigkeiten, in unsere innere Weisheit, in unsere Buddha-Natur und sagen innerlich »Vertrauen«.

Ja-Danke: Beim Ausatmen sagen wir »Ja zum Leben« oder einfach »Ja«, beim Einatmen »Danke fürs Leben« oder einfach »Danke«.

Übung: Den Körper spüren

Dies ist eine Grundübung, die man mit Gewinn jahrelang regelmäßig durchführen kann. Wir nehmen uns etwa fünfundzwanzig bis vierzig Minuten Zeit, gehen mit der Aufmerksamkeit langsam durch den Körper, registrieren die Körperempfindungen, die wir spüren können, und benennen sie kurz: »warm, kalt, Druck, Prickeln, heiß, Pulsieren, weiß nicht, vage, gar nichts.«

Vor allem in den ersten Monaten werden wir in vielen Bereichen nichts spüren. Das macht nichts. Diese Übung wirkt sich heilend auf den Körper aus und beruhigt Herz und Verstand. Je nach Vorgehen macht sie wach (von unten nach oben) oder beruhigt körperlich (von oben nach unten). Wir können die Übung im Sitzen oder im Liegen durchführen. Beim Liegen sollten wir ein dickes Kissen unter die Knie legen. Das entspannt den unteren Rücken.

Zum Beruhigen wandern wir mit der Aufmerksamkeit von Kopf bis Fuß. Die traditionelle Reihenfolge ist: vom Scheitel bis zum Becken, von den Fingerspitzen bis zu den Schultern, vom Becken bis zu den Fußsohlen und Zehen.

Zum Aktivieren gehen wir von unten nach oben. Die traditionelle Reihenfolge ist: von den Zehen und Fußsohlen bis zum Becken, von den Fingerspitzen bis zu den Schultern, vom Becken bis zum Halsansatz und dann hoch zum Scheitel.

Übung: Gehen

Anliegen der Geh-Meditation ist es, auch in der Bewegung wach und bei sich zu bleiben. Im Allgemeinen ist die Aufmerksamkeit auf die Füße gerichtet. Wir können mehrere Methoden ausprobieren und schauen, was uns am besten zusagt. Versuchen Sie am Anfang nicht, das Gehen mit dem Atemrhythmus zu koordinieren. Dabei strengen sie sich zu sehr an. Sie können es später einmal ausprobieren.

Wir können uns in der Wohnung, im Garten oder bei einem Spaziergang eine Strecke von zwanzig, fünfundzwanzig Schritten nehmen und zehn bis dreißig Minuten mit unterschiedlicher Geschwindigkeit hin und her gehen. Ein langer Flur eignet sich gut dafür. Wenn wir ein und dieselbe Strecke hin und her gehen, sind wir weniger abgelenkt. Wollen wir die Geh-Meditation beim Spazierengehen durchführen, gehen wir am besten im Normaltempo und auch nicht hin und her. In Zeitlupe an öffentlichen Orten umherzugehen kann andere Menschen irritieren.

Benennen: Beim langsamen Gehen benennen wir einen Teil des Gehvorgangs. Wir sagen innerlich »heben – oben – senken« oder »heben – senken« oder beim schnellen Gehen »links – rechts«.

Bild: Wir stellen uns vor, dass bei jedem Schritt eine Lotosblüte unter den Füßen erblüht und setzen den Fuß sanft auf diese Blüte.

Satz: Im Rhythmus des Gehens sagen wir innerlich »Ja zum Leben – Danke fürs Leben«. Wenn wir schnell gehen, sagen wir einfach »Ja – Danke«.

Freude: Wir gehen mit Freude, langsam oder schnell.

II.
GEFUHLE

Grundgefühle und Reaktionen

Die drei Grundgefühle

Jede Erfahrung wird von Gefühlen begleitet. Jedes Mal, wenn wir sehen, hören, riechen, schmecken, spüren oder denken, entsteht ganz kurz ein Grundgefühl. Der Buddhismus unterscheidet zwischen den Grundgefühlen »angenehm«, »unangenehm« und »weder-noch« oder »neutral«. Diese Grundgefühle beantworten wir mit komplexen emotionalen Reaktionen.

Grundgefühle gehören zum Leben, jeder Mensch hat sie. Oft sind sie nur als ein ganz leichter, zarter Eindruck wahrnehmbar, den viele gar nicht mitbekommen. Was uns möglicherweise auffällt, ist unsere Reaktion auf das Grundgefühl. Auf angenehme Gefühle reagieren wir häufig mit dem Bedauern, so etwas Schönes zu selten oder in zu geringem Maße zu erleben. Oder wir reagieren mit dem Wunsch, mehr davon zu bekommen. Oft halten wir auch an der Situation, dem Menschen oder dem Gegenstand fest, die das angenehme Gefühl in uns ausgelöst haben – in der Hoffnung, damit die Kontrolle über das angenehme Gefühl zu erlangen. Ein einfaches Beispiel kann diese drei typischen Reaktionen verdeutlichen: Wir gehen an einer Bäckerei vorbei und finden den Duft der frischen Brötchen angenehm. Vielleicht gehen wir weiter und bedauern, in Eile zu sein. Das ist die erste typische Reaktion. Vielleicht bleiben wir aber auch kurz stehen und saugen den Duft der Brötchen ein – wir wollen mehr von dem schönen Gefühl bekommen. Oder wir betreten die Bäckerei und kaufen zehn Stück auf Vorrat für die Kühltruhe, damit wir jederzeit frische Brötchen essen können. Das ist die dritte Reaktion: festhalten, Kontrolle gewinnen. Das Fatale an diesen drei typischen Reaktionen ist, dass die angenehmen Gefühle dadurch sofort verschwinden. Denn Mangel zu spüren, haben zu wollen, festzuhalten und zu bedauern – das geht wieder mit unangenehmen Gefühlen einher.

Ein Auto fährt uns fast über die Füße, ein Betrunkener rempelt uns auf der Straße an, die Hausverwaltung teilt uns in einem Brief mit, dass wir eine horrende Betriebskostennachzahlung zu leisten haben. Solche Situationen beantworten wir vermutlich mit einem unangenehmen Gefühl, und auf unangenehme Gefühle reagieren wir meist mit unterschiedlichen Formen der Abwehr. Eine Form der Abwehr besteht darin, dass wir uns abzulenken versuchen oder den Auslöser des unangenehmen Gefühls schlicht ignorieren: Wir wollen den Lärm nicht hören, den Gestank nicht riechen, mit den Briefen der Hausverwaltung nichts zu tun haben. Wir schieben die verletzende Bemerkung der Kollegin beiseite und vertiefen uns wieder in unsere Arbeit. Wir überhören den tropfenden Wasserhahn und lesen schnell die Post. Anstatt uns mit einer schwierigen oder beängstigenden Lebenssituation auseinander zu setzen, essen und trinken wir zu viel, lesen Zeitungsartikel, die uns eigentlich nicht interessieren, oder verlieren uns in Tagträumen, die uns nicht froher machen. Wir ignorieren den Kopfschmerz und arbeiten weiter, obwohl wir schon seit Monaten so gestresst sind, dass es Zeit wäre, ernsthaft über unsere Anspannung nachzudenken. Eine andere Form der Abwehr besteht darin, anderen oder uns selbst Schuld zuzuweisen. Wir entlasten uns, indem wir der Kollegin, dem Wetter oder dem Verkehr die Schuld an unseren unangenehmen Gefühlen zuschieben. Wir beschimpfen uns selbst oder andere als dumm und unfähig. Oft dramatisieren wir eine unangenehme Situation auch oder überlegen fieberhaft Strategien, wie wir eine solch schreckliche Erfahrung in Zukunft vermeiden können. Kluge Menschen neigen dazu, unangenehme Gefühle wegzurationalisieren.

Und schließlich gibt es noch die neutralen Gefühle – sie ignorieren wir meist. Auf diese Weise verpassen wir neunzig Prozent unseres Lebens. Wir gehen tagtäglich denselben Weg zur Arbeit oder zum Bäcker und registrieren weder die Birke neben der Haustür noch den hübschen Erker im Nachbarhaus. Wir grüßen zwar die Angestellte im Blumenladen zerstreut, nehmen ihr Gesicht aber gar nicht wahr. Wir gehen oder fahren durch die Stadt, sind in Gedanken aber noch zu Hause oder denken schon über die ersten Arbeitsgänge im Büro nach.

Anstatt uns zum Spielball unserer Gefühle zu machen, anstatt mit Flucht, Abwehr oder sinnlosen Versuchen des Festhaltens zu reagieren, kann uns die Achtsamkeit helfen, unser Blickfeld zu erweitern. Schon eine leichte Erweiterung unseres Blickwinkels kann unangenehme Gefühle vermindern. Statt auf Komplimente und schöne Klänge zu lauern und vor Kritik und Lärm innerlich oder äußerlich zu flüchten, schauen wir genauer hin. Achtsamkeit weckt Interesse für unsere emotionalen Muster, und Interesse weitet den Blick. Auf diese Weise entsteht Raum. Es gibt noch immer angenehme und unangenehme Gefühle, aber sie stehen dann nicht mehr ganz und gar im Vordergrund. Wenn wir mehr Raum spüren, stehen wir weniger unter Druck; wir fühlen uns leichter und wohler. Wenn wir auch nur zwei, drei Mal in der Stunde eine Kleinigkeit unserer bekannten Welt genauer anschauen, fühlen wir uns lebendig, und die Langeweile und Routine des Alltags verschwinden für Momente. Und auch das empfinden wir als Glück.

Im Umgang mit Gefühlen verstärken Achtsamkeit, Interesse, Raum und Freude sich gegenseitig. Den ersten Impuls setzen wir, indem wir merken, was wir wahrnehmen.

Heilende Gefühle

Geteilte Freude ist doppelte Freude

Wenn wir unsere Reaktionen etwas besser kennen, können wir mit neuen Verhaltensweisen experimentieren. Wenn wir den Duft der frischen Brötchen riechen oder ein Windhauch im Sommer unsere Wangen kühlt und wir *merken, dass das geschieht,* entsteht Raum. Ohne Raum reagieren wir mit eingefahrenem Verhalten: Wir wollen mehr davon haben. Wir wollen den Moment oder den Menschen, der uns so glücklich macht, festhalten. Wir bedauern, dass der Wind nicht häufiger weht. Ist jedoch Raum da, können wir uns einfach darüber freuen, dass genau die richtigen Bedingungen zusammengekommen sind, um uns hier an diesem Ort diese Sinneswahrnehmungen erleben zu lassen, die uns solch angenehme Gefühle bescheren. Wir brauchen unsere Freude und Dankbarkeit an kein bestimmtes Gegenüber zu richten. Wir freuen uns einfach und sind dankbar für diese schöne Erfahrung. Wir können unsere Freude auch mit anderen teilen und sie auf diese Weise verdoppeln und verdreifachen. Wir denken an andere Menschen in einer ähnlichen Situation und wünschen ihnen ebenso viele angenehme Gefühle, ebenso viel Freude und Dankbarkeit, wie wir sie gerade erleben – oder sogar noch viel mehr. Mit der Zeit brauchen wir uns das gar nicht mehr bewusst vorzunehmen. Wenn wir uns freuen, fällt es uns von allein ein: »Mögen alle Wesen glücklich sein.« Wir können diesen Gedanken noch weiter ausbauen: »Mögen alle Wesen Glück erleben und die Ursachen für Glück schaffen.« Wenn wir in Momenten der Freude an andere denken, fühlen wir uns mit ihnen verbunden und schon entstehen noch mehr angenehme Gefühle. Wir erleben, dass Verbundenheit und Offenheit zusammengehören. Unser Herz öffnet sich, unser Leben wird leichter.

Denkt man zum ersten Mal bewusst an das Glück anderer, kann es sein, dass man sich etwas seltsam fühlt. Die Gefühle wirken nicht echt, und sie sind es wohl auch nicht. Aber wie entstehen neue Einstellungen? Nur indem wir sie ausprobieren. Auch der erste Griff auf der Gitarre klingt nicht gut. Es braucht viele Versuche, bis wir eine Melodie begleiten können. So ist das auch mit heilenden Gefühlen: Wir probieren sie so lange aus, bis unser Herz von allein folgt und zu tanzen beginnt. Selbst wenn wir am Anfang noch gekünstelt oder gewollt mit Freundlichkeit »experimentieren«, spüren die Menschen um uns, dass sich die Atmosphäre verändert.

Freundlichkeit steckt an und tut gut. Freundlichkeit macht uns und andere Menschen froh.

Geteiltes Leid ist halbes Leid

Oft verschließen wir uns, wenn wir uns unwohl fühlen. Wenn eine Kollegin krank wird und wir ihre Arbeit übernehmen müssen, setzt uns das unter Druck. Haben wir gerade selbst viel zu tun, reagieren wir angespannt und werden nervös. Wir machen dicht, und finden schon die kleinste weitere Frage unverschämt oder zumindest unnötig. Wie können wir mit solch einer Situation besser umgehen? Schon wenn wir den Blickwinkel nur ganz leicht verändern, entsteht Raum. Statt uns ganz in dem unangenehmen Gefühl zu verlieren, fangen wir an, uns für die Mechanismen von Glück und Leid zu interessieren. Schon die einfache Frage: »Wie reagiere ich eigentlich, wenn unangenehme Gefühle auftauchen?«, löst die Fixierung auf unsere Gefühle und weitet unseren Blick. Interesse für den Zusammenhang von Gefühlen und Reaktionsmustern baut Spannungen ab. Und wenn wir entspannter sind, kommen wir auf sehr viel bessere Ideen, wie wir mit einer schwierigen Situation umgehen könnten. Unangenehme Gefühle werden weiterhin entstehen, weil die Welt sich nicht nach unseren Plänen richtet – nicht einmal wir selbst tun das. Unangenehme Gefühle steigen also nach wie vor auf, wir reagieren auch nach wie vor mit eingefahrenen emotionalen Mustern darauf. Doch nun bemerken wir unsere Gefühle und unsere Reaktionen mit Achtsamkeit. Wir spüren Raum, Spannungen bauen sich ab, und wir können klüger handeln.

Geteiltes Leid ist halbes Leid, sagt das Sprichwort. Deshalb tut es gut, in leidvollen Momenten an andere Menschen zu denken, die sich gerade in diesem Moment in einer ganz ähnlichen Situation befinden mögen. Wir wünschen allen Betroffenen, von unangenehmen Situationen und Empfindungen frei zu sein. Wo das nicht möglich ist, wünschen wir uns allen, dass unser Verhalten das Problem zumindest nicht größer, sondern kleiner werden lässt. Diese Einstellung nennt die buddhistische Tradition Mitgefühl. Traditionell wird der Wunsch so formuliert:

»*Mögen alle Wesen frei sein von Leid und den Ursachen von Leid.*«

Achtsamkeit statt Routine

Oft lösen alltägliche Erfahrungen weder angenehme noch unangenehme Gefühle aus. Der Tee schmeckt »weder-noch«, das Buch war »naja«, und der Film am Abend zuvor hat uns auch nicht gerade begeistert. Die häufigste Reaktion auf neutrale Gefühle ist Desinteresse. Wir ignorieren sie, und alles, was damit einhergeht, nehmen wir höchstens unterschwellig wahr. Doch viele Menschen leiden unter der Routine ihres Lebens; die immer wiederkehrenden Abläufe langweilen sie. Je mehr wir auf die Mechanismen von Glück und Leid achten, desto interessanter wird unser Leben – und dann gibt es auch weniger neutrale Gefühle. Wenn wir angenehme Gefühle mit Freude und Dankbarkeit spüren und sie mit anderen teilen – zunächst nur in Gedanken –, entstehen mehr angenehme Gefühle. Wenn wir auf unangenehme Gefühle mit Mitgefühl reagieren, können wir sie mit der Zeit schneller in angenehme Gefühle transformieren. Wenn wir neutralen Gefühlen mit Interesse begegnen, verwandeln auch sie sich häufiger in angenehme Erfahrungen.

Auf diese Weise gibt es mehr Glück in unserem Leben. Wir lernen, auch mit schwierigen Umständen entspannter und leichter umzugehen und das Beste daraus zu machen.

Wir können nicht immer im Optimum leben. Wir können lernen, unter den gegebenen Umständen unser Bestes zu tun.

Zu den Übungen

Achtsam Gefühle und Reaktionen wahrzunehmen ist eine sehr anspruchsvolle Übung. Sie wird uns anfangs nur selten gelingen. Wir ärgern uns lieber, machen dicht, stellen uns tot, entwerfen Gegenstrategien oder lenken uns ab. So sind wir es gewohnt – deshalb fällt es uns leicht. Achtsamkeit für Gefühle und Reaktionen können wir lernen, wenn wir das üben. Wenn wir hin und wieder in einer ruhigen Minute die Erfahrungen der letzten Stunde durchgehen, wenn wir ein, zwei Monate lang einige Male in der Woche eine bestimmte Situation anschauen, fällt uns dieser Blick mit der Zeit leichter. Wir sind dann mit der achtsamen Haltung vertraut und nach einiger Zeit wird sie uns zu einer neuen Gewohnheit. Wir lernen unsere Hauptstrategien kennen und können bald erkennen, welche Strategien wir in welchen Situationen einsetzen.

Übung: Angenehme Gefühle

Wir erinnern eine kleine Begebenheit aus den letzten Tagen, in der wir uns wohl gefühlt haben. Was genau hat die angenehmen Gefühle ausgelöst? Welche Sinne waren beteiligt?
    Wie haben wir reagiert? Mit dem Wunsch nach mehr angenehmen Gefühlen? Mit Festhalten? Haben wir überlegt, wie wir uns diese angenehmen Gefühle in Zukunft sichern

können? Mit leisem Bedauern, dass solche Momente so selten sind?

Wir können jetzt ein anderes Umgehen einüben:
Zunächst spüren wir Dankbarkeit, dass alle Bedingungen zusammenkamen, damit wir angenehme Gefühle erleben konnten. Dann denken wir an andere Menschen und wünschen ihnen ebenso viel Freude und noch viel mehr. Dankbarkeit verstärkt angenehme Gefühle. Und geteilte Freue ist doppelte Freude.

Übung: Unangenehme Gefühle

Wir erinnern eine kleine Begebenheit aus den letzten Tagen, in der wir uns unwohl gefühlt haben. Was genau hat die unangenehmen Gefühle ausgelöst? Welche Sinne waren beteiligt? Wie haben wir reagiert? Mit Ärger? Hat das jemand gemerkt? Mit innerem Rückzug, mit Distanz? Haben wir uns abgelenkt? Womit? Mit Arbeiten, Essen, Trinken, Lesen, Themenwechsel? Haben wir uns selbst bedauert? Wem haben wir die Schuld zugewiesen? Den anderen? Uns selbst? Haben wir uns Strategien überlegt, wie wir diese unangenehmen Gefühle in Zukunft vermeiden können? Was hat unsere Reaktion bewirkt? Haben wir uns besser gefühlt? Hat sich das Unwohlsein ganz aufgelöst?

Wir können jetzt einen anderen Umgang mit unseren Gefühlen einüben: Wir wünschen uns, dass wir selbst und alle Menschen, die unter den gleichen oder ähnlichen Schwierigkeiten leiden, frei werden von diesem Leiden. Wo das nicht möglich ist, denken wir: Mögen wir alle so mit unserem Unwohlsein umgehen, dass es nicht mehr wird, sondern weniger. Mögen wir darauf vertrauen, dass es einen Ausweg aus unseren Problemen gibt, auch wenn wir diesen Weg heute noch nicht kennen.

Innen und Außen

Begrüßt uns eine Freundin im Café mit dem Satz: »Heute siehst du aber schlecht aus!«, ärgern wir uns vermutlich. Wir glauben dann, die ungeschickte Bemerkung sei »schuld« an unserer Verletztheit. Umgekehrt denken wir bei einem leckeren Abendessen, der frische Salat löse die Freude in uns aus. Wir halten die äußeren Dinge, Umstände und Menschen für die Ursache unserer Gefühle. Tatsächlich ist die Situation jedoch wesentlich komplexer.

Drei Faktoren spielen mit, wenn Gefühle entstehen: der Anlass, unsere aktuelle Verfassung und unser gesamter Hintergrund. Sind wir gut gelaunt, entspannt und ausgeschlafen, trifft uns eine spitze Bemerkung nicht sehr. Unser gutes Befinden in diesem Moment färbt unsere Erfahrung. Je stabiler unsere Stimmung ist, desto weniger können uns äußere Umstände aus der Fassung bringen. Wenn unsere Freundin uns kritisiert, nehmen wir ihr das vielleicht nicht besonders übel, weil wir sie mögen. Wir sind uns ihrer Zuneigung sicher, wissen, dass sie uns auch mit unseren Schwächen akzeptiert, und so nehmen wir ihre Kritik nicht persönlich. Ein kleiner Anlass, eine gute Stimmung und ein positiver Hintergrund wirken so zusammen, dass wir Kritik besser annehmen können. Sind wir jedoch müde, schlecht gelaunt und stehen unter Druck, kann uns ein kleiner Satz so aus der Bahn werfen, dass wir unendlich verletzt und beleidigt sind und viele Stunden brauchen, um uns wieder zu erholen. Kommt die Bemerkung dann noch von einem Menschen, den wir ohnehin nicht mögen oder mit dem wir im Streit liegen, trifft sie uns schwer. Wir sind tagelang verletzt und vertiefen unsere Abneigung gegen den Menschen, der uns dies angetan hat. Eine kleine Bemerkung, eine schlechte Stimmung und negative Vorerfahrungen wirken so zusammen, dass wir uns zutiefst ärgern.

Dieses Modell lässt sich auf viele Alltagserfahrungen anwenden. Wenn wir die Situationen und unsere Reaktionen darauf achtsam beobachten, werden wir das Zusammenspiel dieser drei Faktoren mit der Zeit immer besser verstehen.

Anlässe

Es gibt kleine Anlässe, die uns je nach aktueller Stimmung und Vorerfahrung ein bisschen oder auch ein bisschen mehr aus der Ruhe bringen. Manche Anlässe bringen fast alle Menschen aus der Fassung: Gewalt, unberechtigte Kritik, eine schwere Beleidigung, eine Kündigung oder eine Trennung. Um mit solchen Umständen gut oder zumindest besser umgehen zu können, braucht es viel Übung. Wir sollten daher zunächst darauf achten, wie wir mit kleinen Anlässen umgehen. Wenn wir das hin und wieder tun, sehen wir schon nach einigen Wochen ganz deutlich, welch große Rolle unsere aktuelle Stimmung und der persönliche Hintergrund spielen. Wir merken, dass wir in keine Situation als unbeschriebenes Blatt hineingehen. Was immer wir erleben – wir bringen viele Vorerfahrungen mit, die unser Erleben färben. Es braucht einige Zeit der Übung, bis wir uns so weit kennen, dass wir ehrlich sagen können: Die äußeren Anlässe tragen nur einen kleinen Bruchteil zu unseren subjektiven Erfahrungen bei. Die größere und wichtigere Rolle spielen unsere Stimmungen, unsere Lebenserfahrung, unser Innenleben. Dies gilt sogar dann, wenn wir gravierenden Anlässen begegnen, uns etwa mit äußerst schwierigen persönlichen Umbrüchen oder gesellschaftlichen Katastrophen konfrontiert sehen. Was manche Menschen verzweifeln lässt, sehen andere als eine Herausforderung an, dazuzulernen oder sich noch stärker zu engagieren. Auch hier ist es die innere Verfassung, die unsere Erfahrungen färbt und prägt.

Es kann sehr hilfreich sein, den Zusammenhang zwischen Anlässen, Stimmung und Hintergrund genauer zu beobachten und zu verstehen. Wenn wir erkennen, dass unser Zigaretten- oder Alkoholkonsum unseren Schlaf stört, könnten wir versuchen, den Konsum zu reduzieren. Wenn wir erkennen, dass unser überladenes Leben Stressgefühle auslöst, verzichten wir vielleicht ab und zu darauf, in der kurzen Mittagspause komplizierte Einkäufe zu erledigen oder uns an einem Wochenende mit vier verschiedenen Menschen zu verabreden. Wenn uns der Zusammenhang einleuchtet und es uns emotional möglich ist, werden wir zumindest hin und wieder störende Anlässe reduzieren. Wir haben meist viel mehr Spielräume, als wir gemeinhin annehmen – wir verdecken sie nur mit eingefahrenen Gewohnheiten.

Niemandem wird es gelingen, alle schwierigen Anlässe zu vermeiden. Das wäre ein viel zu hoch gestecktes Ziel. Erst einmal reicht es völlig aus, die wichtigsten und häufigsten Störfaktoren in unserem Leben zu erkennen. Haben wir sie erkannt und uns die Zeit genommen, einmal genau hinzusehen, entwickeln wir ganz natürlich Ideen, wie wir die schwierigen Anlässe vermeiden oder loswerden könnten. Wir dürfen uns auf unsere Kreativität getrost verlassen! Wir alle sind voller Ideenreichtum, wie wir uns das Leben leichter machen könnten – wir müssen nur zunächst *bemerken*, wo sich die Lasten und Schwierigkeiten unseres Lebens genau befinden. Jedes Mal, wenn wir Freiräume schaffen und nutzen, spüren wir, wie sich der innere Druck vermindert. Auf einmal fühlen wir uns leichter und entspannter und können auch besser mit Problemen umgehen, die sich nicht ganz vermeiden lassen.

Es wird immer störende äußere Umstände geben, die wir nicht ausschalten können. Wir alle müssen arbeiten und Geld verdienen. Selbst zum Traumberuf gehören langweilige und anstrengende Tätigkeiten. Keine Liebesbeziehung, und sei sie noch so glücklich, ist frei von Spannungen und Konflikten. Doch wir brauchen uns auch von unvermeidbaren Problemen nicht ganz und gar mit dem Rücken an die Wand gedrängt zu fühlen. Achtsamkeit und regelmäßige Meditationsübungen schenken uns genug Spielräume, um auch mit solchen Schwierigkeiten kreativ umzugehen. Wenn sich schwierige Anlässe nicht ganz vermeiden lassen, können wir zum Beispiel gezielt Umstände suchen oder schaffen, die einen Ausgleich schaffen und uns gut tun: spazieren gehen, kleine Pausen einlegen, einen freien Tag ohne Verabredungen genießen, kleine Zwischenmahlzeiten einnehmen, früher zu Bett gehen und Freundschaften pflegen, die uns inspirieren. Regelmäßige Momente des Innehaltens wecken uns aus eingefahrenem Verhalten auf und schenken uns Raum und Weite. Das braucht allerdings Übung. Wir müssen es immer wieder tun, innehalten, zwei Minuten am Fenster stehen und in den Himmel blicken, zwei Minuten am Computer still sitzen und nicht »noch schnell« ein paar Notizen machen oder Briefe lesen. Leerlauf. Pause. Das sollten wir zwei, drei Mal am Tag wirklich probieren. Dies ist auch ein wichtiger Aspekt der regelmäßigen Meditation: Wir halten inne. Wir legen Auszeiten ein. Wir schalten auf »Leerlauf« – wie beim Autofahren. Ohne Leerlauf klappt es einfach nicht, den Gang zu wechseln.

Regelmäßige Meditationen sind heilsame Momente des Innehaltens. Pausen machen unser Leben leichter, wenn wir Störfaktoren nicht ausschalten können oder wenn uns das Umschalten zwischen Arbeit und Freizeit, Bewegung und Ruhe schwerfällt.

Stimmung

Auch günstige Umstände lösen nicht nur Wohlbefinden aus: Lange Ferien, schöne Orte, gutes Essen, nette Leute, gute Filme und kluge Bücher machen uns nicht immer nur glücklich. Unsere Stimmung und unser Hintergrund sorgen dafür, dass wir selbst dann unfroh sein können, wenn die Sonne scheint. Wer sich mit sich selbst befasst, merkt schnell eine tief verwurzelte Abneigung gegen »schlechte« Stimmungen. Die Müdigkeit soll weggehen. Wir wollen nicht nervös oder unkonzentriert sein. Sind wir schlechter Stimmung, suchen wir meist fieberhaft nach einem äußeren Aufhänger, der unsere emotionale Verfassung rechtfertigt. Wir interpretieren einen unaufmerksamen Blick als Beleidigung und brechen einen Streit vom Zaun. Uns fällt ein, dass der Nachbar vor zwei Jahren die ausgeliehene Bohrmaschine nicht rechtzeitig zurückgebracht hat, und schon sind wir böse auf ihn. Da unsere Mitmenschen keine Engel sind und die Welt kein Paradies, finden wir immer Aufhänger für schlechte Stimmungen. Wie können wir klug damit umgehen? Wegwünschen allein hilft nicht viel. Wir setzen uns damit nur unter Druck. Zunächst hilft uns vielleicht der Satz: »Das darf sein« oder »Ich öffne mich dieser Stimmung«. Eine Stimmung zu bemerken bedeutet nicht, sie zu manipulieren.

Unsere Stimmungen häufiger und genauer zu bemerken kann uns durchaus irritieren. Plötzlich spüren wir mehr – und wie viel bequemer schien es, die schlechten Stimmungen einfach zu ignorieren? Wer sich häufig von sich selbst ablenkt, spürt zunächst mehr unangenehme Gefühle, wenn er diese Gefühle zulässt. Doch wer auch unangenehme Stimmungen liebevoll annimmt, wird bald merken, dass diese Stimmungen so schlimm gar nicht sind. Was soll denn schon geschehen? Wir haben unser Leben lang immer wieder unangenehme Erfahrungen gemacht und sie alle überlebt, zumindest bis heute. Dann sind wir eben heute verstimmt. Dann haben wir halt schlechte Laune. Dann sind wir eben übermüdet oder ungeduldig. Nehmen wir solche Empfindungen liebevoll an, ohne uns deswegen zu verurteilen, ist das alles halb so schlimm. Und schon fühlen wir uns wohler, inmitten von Sorgen, Unruhe und Zeitdruck. Und wenn wir uns wohler fühlen, haben wir mehr Kraft, uns mit den Anlässen zu befassen, die unsere schlechte Stimmung an die Oberfläche treten lassen: dem Stress, dem überfrachteten Leben, den ungelösten Konflikten.

Schlechte Stimmungen liebevoll anzunehmen schenkt uns mitten im Alltagstrubel Ruhe und Kraft.

Hintergrund

Wenn wir das Zusammenspiel von Anlässen und Stimmungen achtsam betrachten, werden wir uns bald immer weniger als Opfer der äußeren Umstände empfinden. Stattdessen können wir unsere Stimmungen besser annehmen und sie positiv beeinflussen. Genau das ist die Voraussetzung, um uns alten Mustern, Vorlieben, Abneigungen und Prägungen aus der Kindheit zu stellen. Wir können das, was geschehen ist, nicht ändern. Wenn wir unsere Vergangenheit aber entspannt, mit Interesse und ohne Widerstand betrachten, werden wir sie mit der Zeit anders bewerten. Unsere Vergangenheit wird anders auf uns wirken, uns in einem neuen Licht erscheinen – auf diese Weise können wir sogar unsere Vergangenheit »verändern«.

Viele Menschen empfinden dies als heiklen Punkt. Sie befürchten, dieser Ansatz könnte bedeuten, selbst die »Schuld« für eine schmerzhafte Vergangenheit übernehmen zu sollen oder real existierende Probleme auszublenden. Doch es geht nicht darum, die »wahre Bedeutung« und/oder den »letztendlichen Sinn« von Ereignissen und Erfahrungen zu suchen. Es gibt nicht *die* eine, objektive Interpretation. Stattdessen ist es klug und pragmatisch, in schwierigen Situationen die Interpretation auszuwählen, die uns Mut macht, kreativ mit einem Problem umzugehen. Und es ist klug, wenn wir davon ausgehen, dass es von unserer Einstellung abhängt, wie wir mit unseren Schwierigkeiten in Gegenwart und Vergangenheit umgehen.

Mit einer passiven Einstellung geben wir der Außenwelt sehr viel Macht. Mit einer aktiven Einstellung fühlen wir uns nicht mehr als Opfer der Umstände, sondern gewinnen Spielraum.

»Weise Selbstsucht«

Wir begreifen das Zusammenwirken von äußeren Anlässen, aktueller Stimmung und persönlichem Hintergrund immer besser, wenn wir viele Erfahrungen – kleine und große, angenehme und unangenehme – achtsam untersuchen. Es reicht nicht, diese Zusammenhänge mit dem Kopf zu verstehen. Intellektuelle Einsicht kann nur der erste Schritt sein. Wirklich verstanden haben wir dann, wenn wir uns unseren Erlebnissen ohne Angst stellen können. Dann können wir auch schwierigen Umständen mit einer geradezu »sportlichen« Einstellung begegnen und das Beste daraus machen. Wir suchen und schaffen Umstände, die uns gut tun, und vermeiden nach Möglichkeit Umstände, die uns zur Zeit noch überfordern. Wir spüren unsere Stimmung und wissen, wie wir sie positiv beeinflussen können. Und wenn das einmal nicht klappt, können wir auch schlechte Laune, Schmerzen und Notsituationen mit Fassung tragen. Mit der Zeit schließen wir Frieden mit unseren Schwächen und mit den schwierigen Erfahrungen in der Gegenwart und Vergangenheit. Regelmäßig innehalten und spüren, wie es uns geht, ist der erste Schritt zu einem ausgeglicheneren und leichteren Leben. Erst wenn wir merken, dass Ärger aufsteigt, wir müde oder hungrig, unruhig oder angespannt, ängstlich oder verletzt sind, können wir mit unseren Stimmungen kreativ umgehen.

Wer mit sich selbst entspannter und leichter umgehen kann, spürt auch, was andere brauchen. Wir werden die überarbeitete Kollegin dann nicht zwei Minuten vor Arbeitsschluss auf einen schwelenden Konflikt ansprechen, sondern auf einen günstigeren Zeitpunkt warten und uns aktiv um eine entspannte Atmosphäre bemühen. Unsere Mitmenschen merken schnell, wenn wir selbst weniger unter Druck stehen. Sie fühlen sich hingezogen zu Menschen, die mit sich im Reinen sind. Selbst schwierige Menschen tauen auf und zeigen ihre charmanten Seiten, wenn wir ihre Stärken unterstreichen und ihre Schwächen mit mehr Humor nehmen.

Der Buddhismus geht davon aus, dass unser eigenes Glück und

das der anderen eng miteinander verwoben sind. Es ist ratsam, uns um das Glück der anderen ebenso intensiv zu bemühen wie um unser eigenes Glück. »Wenn schon selbstsüchtig – dann im großen Stil!« So hat es der Dalai Lama einmal mit einem Augenzwinkern ausgedrückt.

Das ist »weise Selbstsucht«: Wir sorgen für unser eigenes Wohlbefinden, strahlen es aus, die Menschen um uns reagieren positiv und strahlen das Wohlbefinden zu uns zurück.

Übung: Innen und Außen bei Konflikten

Wir erinnern eine kleine Begebenheit aus den letzten Tagen, in der uns etwas gestört, verletzt oder verärgert hat. Was genau hat uns gestört? Eine Geste, ein Blick, ein Verhalten, ein Satz? Oder hat uns eine Geste, ein Blick, ein Verhalten, ein Satz gefehlt? Was war Anlass für unser Unwohlsein? Wie haben wir reagiert? Was bewirkte unser Verhalten?

Jetzt schauen wir uns die Situation etwas genauer an. In welcher Stimmung waren wir unmittelbar vor dieser Situation? Entspannt, ausgeschlafen, guter Dinge? Oder müde, angespannt, verärgert? Hatten wir bestimmte Erwartungen? An uns selbst, an die Beteiligten, an die Außenwelt? Erleben wir solche Konflikte häufiger? Mit derselben Person? Mit anderen Menschen? Reagieren wir meist ähnlich? Oder unterschiedlich, abhängig von der Person und den Umständen? Können wir spüren, dass wir mit unserer aktuellen Stimmung und unserem Hintergrund zu einem Konflikt beitragen?

Welche Stimmung und welches Verhalten verstärkt die Probleme? Was reduziert Druck? Was könnten wir bei der nächsten Begegnung mit derselben Person bereits im Vorfeld tun oder lassen, damit wir besser miteinander umgehen können? Was können wir in der Situation selbst tun oder lassen, um Konflikte abzubauen?

Übung: Innen und Außen bei angenehmen Gefühlen

Wir erinnern eine kleine Begegnung aus den letzten Tagen, in der wir uns wohl gefühlt haben. Was genau hat unser Wohlbefinden ausgelöst? Eine Geste, ein Blick, ein Verhalten, ein Satz? Wie haben wir reagiert? Was hat unser Verhalten bewirkt?

Jetzt schauen wir uns die Situation etwas genauer an. In welcher Stimmung waren wir unmittelbar vor dieser Situation? Entspannt, ausgeschlafen, guter Dinge? Oder müde, angespannt, verärgert?

Hatten wir bestimmte Erwartungen? An uns selbst, an die Beteiligten, an die Außenwelt? Fühlen wir uns häufig wohl mit dieser Person? Mit anderen Menschen? Reagieren wir meist ähnlich? Oder unterschiedlich, abhängig von der Person und den Umständen?

Können wir spüren, dass wir mit unserer aktuellen Stimmung und unserem Hintergrund zu einer wohltuenden Situation beitragen?

Welche Stimmung und welches Verhalten fördert angenehme Begegnungen? Was erzeugt Anspannung und Druck? Was könnten wir bei der nächsten Begegnung mit einer schwierigen Person bereits im Vorfeld tun oder lassen, damit wir besser miteinander umgehen können? Was können wir in der Situation selbst tun oder lassen, um angenehme Begegnungen zu fördern?

Sand im Getriebe:
Wie kommt der Ärger in mein Herz?

In entspannten Augenblicken verstehen wir Konflikte besser. Bei einem guten Essen leuchten uns auch kritische Argumente ein. Ärger hingegen gehört zu den größten »Querulanten« in unserem

Herzen, er ist wie Sand im Getriebe einer Maschine, die sonst so gut geölt läuft. Wenn wir auf eine Freundin wütend sind, die uns bei jeder Verabredung eine halbe Stunde warten lässt, fällt es uns schwer, unseren Beitrag zu diesem Ärger zu spüren und wahrhaben zu wollen. Suchen wir bereits im dritten Geschäft nach der CD unserer Lieblingssängerin, sagt uns eine gelangweilte Verkäuferin in der Boutique, die herabgesetzte Jacke, die gestern noch im Fenster hing, sei leider schon weg – dann glauben wir, die Welt habe sich gegen uns verschworen. Wir glauben das wider besseres Wissen. Den eigenen Beitrag zu unseren Gefühlen zu erkennen, wenn wir wütend oder verletzt, müde oder enttäuscht sind, ist oft nur sehr schwer möglich.

Oft gelingt es uns tagelang, eine entspannte Stimmung aufrechtzuerhalten. Und plötzlich stört es uns, wenn der Nachbar fünf Minuten vor dem Ende der Mittagsruhe den Rasenmäher anwirft. Wir ärgern uns, wenn das Essen im Restaurant lauwarm auf den Tisch kommt und die Kollegin am Schreibtisch gegenüber den ganzen Vormittag nicht zu arbeiten scheint. Auf einmal sind wir verstimmt und mit uns selbst im Unreinen. Dabei lief die letzte Woche so gut. Was ist geschehen? Wie kommt der Sand ins Getriebe?

Sechs Faktoren wühlen Emotionen auf

Es gibt innere und äußere Umstände, die unsere emotionalen Reaktionen besonders stark beeinflussen. Es kann sehr hilfreich sein, diese Umstände zu kennen, denn dann können wir sie berücksichtigen. Eine klassische Liste des tibetischen Buddhismus nennt sechs Faktoren, die unsere Emotionen aufwühlen: Unser *Temperament*, äußere *Anlässe*, schädliche oder schwächende *Einflüsse, Gespräche, Gewohnheiten* und *gezielte Aufmerksamkeit*.

Temperament: Die Menschen sind verschieden. Wir unterscheiden uns voneinander und nennen das Temperament, emotionale Muster, Grundstrukturen oder Grundstimmung. Der Hausmeister ärgert sich über jede Fliege, die durch den Vorgarten fliegt. Die alte Dame aus dem dritten Stock ist auch durch einen heftigen Regenguss beim Straßenfest nicht aus der Ruhe zu bringen. Unser Freund muss zwei Stunden vor Abfahrt des Zuges gestiefelt und gespornt an der Haustür stehen. Unsere Freundin sucht noch zehn Minuten, bevor das Taxi zum Flughafen kommt, in aller Seelenruhe ihren Personalausweis. Menschen haben unterschiedliche Temperamente, Neigungen und Strategien. Diese tief wurzelnden emotionalen Muster jedes einzelnen Menschen – ganz gleich, ob sie aus der Erziehung stammen oder ob wir sie lieber als Auswirkungen unserer Gene oder unseres Sternzeichen interpretieren – sind der erste Faktor, der dafür sorgt, dass wir in bestimmten Situationen aufbrausen oder resignieren, angreifen oder stillhalten, müde werden oder verzweifeln. Selbst wenn wir wüssten, woher unser Temperament kommt, müssten wir dennoch damit leben lernen. Je besser wir unsere emotionalen Strukturen kennen und je entspannter und wacher wir sind, desto leichter können wir mit unseren Mustern leben und desto positiver wirken sie sich aus. Unsere Ungeduld lässt uns effektiver arbeiten, Pedanterie verwandelt sich in Genauigkeit.

Äußere Anlässe – das Thema des vorangegangenen Abschnitts – sind der zweite Faktor, der emotionale Muster aktiviert. Es gibt Umstände, die Aufregung und emotionale Unruhe, Zweifel und Sorgen ganz besonders fördern. Damit sind nicht »objektiv« schwierige Leute oder Umstände gemeint, sondern die Menschen und Dinge, die uns – mit dem Temperament, mit dem wir ausgestattet sind – in Unruhe versetzen. Wir müssen selbst herausfinden, was uns irritiert. Was sind das für Menschen, vor denen wir Angst haben, die wir nicht mögen, mit denen wir uns grundsätzlich schwertun? Manche Menschen finden es unerträglich, wenn andere sich häufig streiten. Andere Menschen halten Dauerlächeln und ewig gute Laune nicht aus. Einige lieben Gartenzwerge und abgezirkelte Blumenbeete. Andere verteidigen ihren natürlichen Gartenbau und nehmen Maulwurfshügel und Unkraut als gegeben hin. Es gibt eine Faustregel für äußere Anlässe, die negative Emotionen in uns auslösen: Wir vermeiden das störende Objekt so lange, bis wir besser damit umgehen können. Wir müssen nicht jeden Tag mit all unseren »Dämonen« kämpfen – das Prinzip der Askese gibt es seit Jahrhunderten und in allen Kulturen. Wir dürfen uns ruhig einmal zurückziehen und das vermeiden, was unseren Seelenfrieden stört. Wir brauchen Ruhe und Schonung, um Kraft zu sammeln. Wichtig ist allerdings zu begreifen, welchen Teil wir selbst zu unserer emotionalen Aufregung beitragen. Askese hat nur mit diesem Wissen einen Sinn. Letztlich geht es darum, unseren sicheren Hafen auch wieder zu verlassen, um uns den Herausforderungen unseres Leben gestärkt und mit mehr Selbstverantwortung zu stellen. Pflegen wir in unserem Rückzug den Glauben, die »böse Welt« dort draußen trage die Schuld an unseren unangenehmen Gefühlen, so werden wir uns weiterhin als Opfer der äußeren Umstände ansehen und in unseren Mustern verharren.

Einflüsse, die uns insgesamt schädigen oder schwächen, sind der dritte Faktor. Gemeint ist damit der »Hochspannungsstrom« besonders aufgewühlter Emotionen, denn: Aufgewühlte Emotionen bewirken noch mehr aufgewühlte Emotionen. Wenn wir aufgeregt oder müde sind, unter Druck stehen, Angst haben oder wenn Gier und Leidenschaft uns packen, dann verflüchtigt sich die Vernunft. Oft ziehen wir uns dann auf sehr kindliche Strategien zurück: Augen zu, mit dem Kopf durch die Wand, brüllen, mit den Füßen aufstampfen. Aufgewühlte Emotionen schränken unseren Horizont und unseren Handlungsspielraum drastisch ein. Emotionale Aufregung stört den Frieden der Seele und vernebelt den klaren Blick. Das heißt nicht, dass wir mit unserer Einschätzung immer richtig liegen, wenn wir innerlich ruhig sind. Dennoch lassen sich mit einem heißem Kopf selten Probleme klären. Darum empfiehlt schon der Volksmund, bei großer Aufregung einige Male tief durchzuatmen. Kluge Arbeitsteams legen eine Pause ein, wenn die emotionalen Wogen hochschlagen. Je früher und deutlicher wir unsere Stimmung spüren, desto besser verstehen wir ihren Einfluss auf unser Denken, Reden und Tun und umso früher können wir lenkend und gestaltend auf den Verlauf von Situationen eingreifen. Ruhepausen einlegen stoppt heftige Emotionen zumindest für einige Zeit.

Gespräche haben einen großen Einfluss auf unsere Emotionen. Eben noch fühlten wir uns ausgeglichen. Dann sprechen wir über einen Menschen, der uns gestern ärgerte – und schon kehrt der Ärger zurück. Die meisten von uns haben als Kinder gelernt, es gehöre sich nicht, schlecht über andere zu reden. Heute denken wir häufig: »Wenn es doch die Wahrheit ist, dann muss man es auch beim Namen nennen können!« Oft achten wir nicht darauf, wie stark sich negative Worte über andere auch auf uns auswirken. Hier gilt wieder der Grundsatz der »weisen Selbstsucht«: Zu sticheln und hinter dem Rücken anderer schlecht zu reden, Gerüchte weiterzutragen und den Finger ein ums andere Mal auf die Schwächen unserer Mitmenschen zu legen – all das hat auch Folgen für uns selbst. Nicht die anderen Menschen mit ihren Schwächen sind der Grund der emotionalen Aufregung, die bei solchen Gesprächen in uns entsteht. Wir haben das emotionale Schwungrad selbst mit unseren Bemerkungen angestoßen.

Auch *Gewohnheiten* fördern aufgewühlte Emotionen. Die meisten von uns haben Gewohnheiten, von denen wir eigentlich wissen, dass sie uns nicht gut tun. Wie entstehen Gewohnheiten? Indem wir ein Verhalten wiederholen. Wenn wir seit Jahren zu spät aufstehen, den Kaffee hinunterstürzen und dann zur Arbeit rennen, ist uns dieses Verhalten sehr vertraut. Ein solches Verhalten zu verändern ist nicht einfach. Doch wir können unsere Gewohnheiten auf dem gleichen Weg abbauen, wie wir sie aufgebaut haben: indem wir etwas tun. Irgendwann sind wir das erste Mal zu spät aufgestanden. Jetzt drehen wir den Prozess um: Anfangs stehen wir einmal in der Woche eine Viertelstunde früher auf. Nach einem Monat tun wir das vielleicht zweimal die Woche. Eines Tages haben wir uns an das frühere Aufstehen gewöhnt. Mit kleinen Schritten machen wir uns vertraut mit dem, was uns heilt: früher aufstehen, langsam essen, kleine Pausen einlegen, ein wenig Sport treiben.

Die *gezielte Aufmerksamkeit* ist der sechste und letzte Faktor, der unsere emotionalen Reaktionen beeinflusst. Durch gezielte Aufmerksamkeit stärken wir die Muster unseres Fühlens und Verhaltens. Leider nutzen wir diesen Mechanismus im Alltag oft auf fatale Weise: Ängstliche Menschen haben einen Hang dazu, ihre Aufmerksamkeit gezielt auf das zu lenken, was ihre Angst verstärkt. Wer sich gern Sorgen macht, muss nur die Zeitung aufschlagen und findet sogleich zehn neue Gründe, für die Zukunft nur das Schlimmste anzunehmen. Wer aufbrausend oder gar aggressiv ist, findet täglich einen Grund zum Streit. Umgekehrt kennen wir alle auch den Trick, in langweiligen, beängstigenden oder anstrengenden Situationen unsere Aufmerksamkeit gezielt wegzulenken: Wenn uns ein Gespräch langweilt, hören wir nicht mehr zu, sondern machen uns unsere eigenen Gedanken. Wir lesen ein fades Buch und schweifen mit den Gedanken plötzlich in interessantere Gefilde ab. Wir haben uns vorgenommen, die Steuererklärung zu erstellen, und hören plötzlich ganz interessiert die Nachrichten. Wir wissen, dass uns nur das beschäftigt, worauf wir achten.

Wenn wir merken, dass uns bestimmte Vorlieben und Abneigungen, Gewohnheiten und Sehnsüchte unruhig machen, können wir uns darin üben, die Aufmerksamkeit gezielt auf etwas anderes zu richten. Für unsere emotionale Ausgeglichenheit lenken wir uns bewusst ab. Wir werden schnell merken, dass diese Methode vor allem bei kleinen Aufregungen gut funktioniert und unser Leben sehr viel leichter macht. Große emotionale Katastrophen lassen sich nur dann vermeiden, wenn wir die emotionalen Wogen früh bemerken und uns rechtzeitig entschließen, unsere Aufmerksamkeit gezielt umzulenken.

Temperament, Anlässe, schädliche und schwächende Einflüsse, Gespräche, Gewohnheiten und gezielte Aufmerksamkeit beeinflussen unsere Reaktionen besonders stark. Mit Achtsamkeit und viel Übung können wir lernen, diese Impulse frühzeitig zu bemerken und konstruktiver damit umzugehen.

Zu den Übungen

Es gibt viele Wege, den großen Einfluss innerer und äußerer Bedingungen gezielt zu nutzen. Bevor wir Konflikte ansprechen, sorgen wir für eine entspannte Beziehung auf beiden Seiten. Wenn uns die bevorstehende Steuererklärung auf dem Magen liegt, heben wir zuvor unsere Stimmung. Wenn wir ein bisschen experimentieren, finden wir bestimmt heraus, was uns hilft. Vielleicht unsere Lieblingsmusik, ein paar Gedichte, eine Tasse Kaffee auf dem Balkon, ein paar Minuten still sitzen und nichts tun. Die Grundstruktur unserer Persönlichkeit können wir nicht verändern. Wir können aber lernen, unser Temperament auf eine Weise einzusetzen, die uns unterstützt.

Hinter jeder Schwäche steht eine Stärke, sagt eine psychologische Weisheit unserer Tage. Diese Theorie kann unsere Fantasie beflügeln. Wir können zusammen mit einer Freundin oder einem Freund ja einmal überlegen, welche Talente sich hinter Pingeligkeit oder dem Hang zum Dramatisieren, hinter Schüchternheit oder dem notorischen Zuspätkommen verbergen mögen. Wir können Orte und Menschen aufsuchen, die uns inspirieren und uns so weit wie möglich helfen, in eine ausgeglichene Stimmung zu gelangen. Wir können mehr über Themen sprechen, die unser Herz öffnen und den Geist klären. Wir können gezielt neue Gewohnheiten aufbauen, die uns gut tun. Regelmäßige Kurzmeditationen sind Momente, in denen wir unsere Aufmerksamkeit gezielt auf das richten, was uns heilt.

Übung: Schlechte Gewohnheiten erkennen

> *Wir denken an eine schlechte Gewohnheit, die uns und unseren Mitmenschen das Leben schwer macht: schlecht über andere reden, über verpatzte Gelegenheiten jammern, anderen ständig ins Wort fallen, nicht Nein sagen können. Wir denken an eine Situation*

in den letzten Tagen, in der diese Gewohnheit uns oder andere störte.

Dann schauen wir uns die Situation genauer an. Was hat zu unserer Reaktion beigetragen? Unser Temperament, äußere Anlässe, schädliche oder schwächende Einflüsse, Gespräche, Gewohnheiten oder gezielte Aufmerksamkeit? Die schlichte Tatsache, dass wir zu einem solchen Verhalten neigen? Gab es einen bestimmten äußeren Anlass? Waren wir in schlechter Stimmung, müde, etwas krank, besonders unruhig oder aufgeregt? Haben wir über das Thema gesprochen? Ist uns dieses Verhalten sehr vertraut, taucht es häufig auf? Haben wir das Muster schnell bemerkt, konnten oder wollten uns aber nicht anders verhalten?

Übung: Heilendes Verhalten einüben

Wir denken an eine neue gute Gewohnheit, die uns und unseren Mitmenschen das Leben leichter macht: einen Streit schlichten, gut über andere reden, die anderen ausreden lassen, liebevoll und klar Grenzen setzen. Wir denken an eine Situation in den letzten Tagen, in der sich dieses neue Verhalten positiv auswirkte.

Dann schauen wir uns die Situation genauer an. Was hat dazu beigetragen, dass wir uns so verhalten konnten? Unsere Bereitschaft, äußere Anlässe, gute Einflüsse, Gespräche, Gewohnheiten oder gezielte Aufmerksamkeit? Die schlichte Tatsache, dass wir so handeln wollten? Gab es einen günstigen äußeren Anlass? Waren wir gerade in einer guten Stimmung, ausgeschlafen, entspannt, inspiriert, mit uns und der Welt im Frieden? Haben wir über das Thema gesprochen? Ist uns dieses Verhalten sehr vertraut, taucht es häufig auf? Haben wir uns vorgenommen, uns so zu verhalten, und gezielt daran gedacht?

Übung: Was mache ich den ganzen Tag?

Wir gehen einen normalen Arbeitstag durch und fragen uns: Was mache ich den ganzen Tag, wenn ich arbeite? Welche schlechten Eigenschaften werden durch meine Arbeit verstärkt? Wodurch genau? Welche schlechten Eigenschaften werden abgebaut?

Welche guten Eigenschaften werden behindert? Welche guten Eigenschaften werden gefördert? Wir fragen weiter: Kann ich von meiner Seite her irgendetwas tun oder lassen, um Spielräume zu entdecken oder zu schaffen, in denen gute Eigenschaften gefördert werden?

Wir können die gleiche Übung mit einem normalen freien Tag und einem typischen Urlaubstag durchführen.

Grundstimmungen

Rufen wir uns den Inhalt der beiden vorangegangenen Kapitel noch einmal ins Gedächtnis: Körper und Gefühle sind die ersten beiden Bereiche, mit denen wir durch Achtsamkeit vertrauter werden können. Indem wir zunächst auf den Atemrhythmus achten, werden wir feinfühliger für unsere körperlichen Prozesse und für die Art und Weise, wie wir uns bewegen. Wir atmen und spüren unsere Körperempfindungen dabei. Wir gehen mit der Aufmerksamkeit durch den Körper und lernen die Sprache der Körperempfindungen kennen. Je früher wir Anspannungen und Druck bemerken und je deutlicher wir Empfindungen spüren, desto leichter und schneller können wir angemessen reagieren: uns bewegen oder ausruhen, essen oder trinken, mehr oder weniger schlafen. Wenn wir immer wieder auf körperliche Empfindungen achten, machen wir uns mit der Grundlage unserer Erfahrungen vertraut – mit dem Körper, der uns durch dieses Leben trägt.

Je deutlicher wir unsere Körperempfindungen spüren, desto leichter bemerken wir auch unsere emotionalen Reaktionen auf angenehme, unangenehme und neutrale Gefühle – den zweiten Bereich, auf den wir unsere Achtsamkeit richten können. Unablässig reagieren wir auf die Gefühle, die durch Sinnesempfindungen, Gedanken und innere Bilder ausgelöst werden. Gewöhnlich reagieren wir eingefahren und ungeschickt auf die Grundgefühle, die mit jeder Wahrnehmung einhergehen. Wir reagieren besonders eingefahren und ungeschickt, wenn wir aufgeregt sind. Bei angenehmen

Gefühlen wollen wir mehr davon haben und erleben. Wir halten an dem Objekt fest, das das angenehme Gefühl ausgelöst hat, oder wir bedauern, dass wir solche Gefühle nicht häufiger erleben. Bei unangenehmen Gefühlen ärgern wir uns über uns selbst oder andere, suchen Schuldige, lenken uns ab oder »stellen uns tot«. Neutrale Gefühle ignorieren wir und verpassen damit den Großteil unseres Lebens. Wir lassen uns treiben von Sinneseindrücken, Gefühlen und emotionalen Reaktionen. Diese verändern sich unablässig und sorgen für viel Unruhe im Leben.

Grundstimmungen und Kontinuität

Die buddhistische Psychologie sagt, dass wir in einem Fingerschnippen fünfundsechzig Wahrnehmungsmomente erleben. Während wir mit Daumen und Ringfinger einmal schnippen, tauchen also fünfundsechzig Wahrnehmungen auf – Sehen, Hören, Riechen, Schmecken, Spüren, Denken – und verschwinden genauso schnell wieder. Dennoch spüren wir in diesem ständigen Wechsel an Empfindungen auch eine starke Kontinuität. Dafür sorgen unsere Grundstimmungen und unsere Gedankenwelt, die uns so vertraut sind, dass wir sie für unser Ich, unser Eigentliches halten. »So bin ich eben«, sagen wir. Optimistisch, pessimistisch, ungeduldig, die Ruhe selbst, offenherzig, distanziert, immer bester Dinge, morgens schlecht gelaunt: »So bin ich eben.« Mit unserer Gedankenwelt beschäftigen wir uns im dritten Teil. Zunächst schauen wir uns unsere Grundstimmungen an.

Grundstimmungen sind der dritte Bereich, auf den wir unsere Achtsamkeit gezielt richten können. Unsere Grundstimmungen sind fast immer da und färben unseren gesamten Blick auf die Welt. Es ist lohnend, sich mit der eigenen Grundstimmung vertraut zu machen, denn häufig gehen wir davon aus, dass unsere Grundstimmung der »richtige« Blick auf die Welt und der »beste« Umgang mit den Dingen sei. Weisheit beginnt da, wo wir unseren Blick auf die Welt nicht einfach für normal und richtig halten, sondern erkennen, dass er nur *eine* Möglichkeit darstellt – und zwar unsere. Andere Menschen wählen andere Möglichkeiten, andere »Systeme«, um in der ständigen Flut der Sinneswahrnehmungen und inneren Bilder Kontinuität und Stabilität herzustellen. Wenn wir diese Systeme besser verstehen, können wir mit uns selbst und mit anderen leichter und verständnisvoller umgehen.

Drei Typen von Persönlichkeiten

Der Buddhismus nutzt ein Hilfsmittel, um die unterschiedlichen Persönlichkeiten der Menschen zu unterscheiden und teilt uns der Einfachheit halber in »Gier-«, »Hass-« und »Ignoranz« Typen auf. Sie dürfen es ruhig persönlich nehmen, wenn Sie sich erkannt fühlen. Holzschnitte sind zwar immer grob, haben aber einen großen Vorteil: Sie spitzen zu. Lassen Sie sich bitte nicht entmutigen und verurteilen Sie sich nicht für bestimmte Tendenzen. Typisierungen können bestimmte Merkmale herausarbeiten und eine grobe Richtung angeben. Es ist jedoch klar, dass Einteilungen und Verallgemeinerungen im Detail immer ungenau sind – sie bleiben Holzschnitte.

»Gier-Typen« möchten angenehme Gefühle erleben und hoffen stets, dass hinter der nächsten Erfahrung das große oder kleine Glück wartet. Sie sind Optimisten, halten eine positive Weltsicht für die beste Einstellung und setzen diese Haltung auch bei anderen voraus. Sie gelten meist als nette Menschen, weil sie umgänglich sind und anderen Menschen positiv gegenüberstehen. Sind Optimismus und »Gier« nach angenehmen Gefühlen unsere Grundeinstellung zum Leben, suchen wir uns Weltanschauungen, die das

Gute im Menschen betonen und auf Fortschritt und Weiterentwicklung setzen. Wir unternehmen gerne etwas und haben immer etwas vor. Morgens wachen wir auf und freuen uns auf den Tag. In Verbindung mit Trägheit und Ignoranz sind wir nicht besonders gründlich und übersehen lieber Probleme, als dass wir sie anpacken. Vielleicht wird ja noch eine einfachere Lösung auf dem Silbertablett serviert. »Gier-Typen« sammeln gerne: Sinneseindrücke und Besitz, Bekanntschaften und Philosophien, Ausbildungen und Meditationstechniken, Bierdeckel und schöne Sprüche – am besten alles gleichzeitig, man kann ja nie wissen, ob man es nicht irgendwann einmal brauchen kann. Da keine Ansicht oder Technik uns völlig befriedigen kann – ein gieriger Geist ist per se unruhig –, probieren wir gerne immer wieder etwas Neues aus. Mit diesem Lebensgefühl sind wir auf einem spirituellen Weg beliebte Mitübende, anfangs vermutlich sehr begeistert, mit unserer Praxis aber eher nachlässig. Wir üben gerne, kommen aber nicht sehr weit.

»Hass-Typen« sind das genaue Gegenteil: Wenig umgänglich, leiden sie am Leben und finden garantiert immer ein Haar in der Suppe. Die Schuld an ihrer Misere schieben sie sich selbst oder anderen oder gleich beiden Seiten zu. Häufig wissen »Hass-Typen« sehr genau, dass sie mehr als andere leiden, und suchen einen Ausweg. Sie drehen sich jedoch im Kreis dabei, weil sie immer wieder in Leidens- und Schuldschleifen landen. Wenn wir ein »Hass-Typ« sind, arbeiten wir recht zuverlässig, aber eher aus Pflichtgefühl. Wir sind streng mit uns und anderen. Hat ein Mensch jedoch einmal unser Herz gewonnen, stehen wir ihm auch in schweren Zeiten zur Seite. Denn wir sind zäh und ausdauernd, und wenn wir einen Weg gefunden haben, der uns zusagt, bleiben wir am Ball. Wir schätzen klare Weltanschauungen, übersichtliche Pläne und eindeutige Regeln. Wir sind konsequente Vegetarier, treiben seit fünfzehn Jahren Gymnastik und fahren regelmäßig eine Stunde Rad. Wir erleben nicht unbedingt viel Freude an unseren Tätigkeiten, gehen unseren Weg jedoch konsequent und kommen voran.

Wenn wir ein »Ignoranz-Typ« sind, wissen wir immer, wo es

langgeht. Wir bewegen unseren Geist mit einer gewissen Engstirnigkeit und Selbstbezogenheit am liebsten nur in unseren eigenen Bahnen. Wir philosophieren vielleicht gerne, aber reale Menschen, die anders denken, stören unseren Denk- und Redefluss. Wir wissen, was für uns und andere das Beste ist. Im Unterschied zu den »Hass-Typen« ist es uns aber letztlich egal, was die anderen machen – Hauptsache, sie lassen uns in Ruhe. Gehören wir zur trägen Variante der »Ignoranz-Typen«, so sind wir am glücklichsten, wenn das Leben in geordneten Bahnen fließt und man uns nicht überfordert. Kombiniert mit ein wenig Gier sind wir zwar keine faszinierenden, aber doch recht angenehme Nachbarn und Kollegen. Wir kümmern uns um unsere eigenen Angelegenheiten und lassen den Rest der Welt in Ruhe. In Verbindung mit Abwehr können wir unseren Mitmenschen das Leben allerdings schwer machen, weil wir stur und rechthaberisch sind.

Im Spiegel dieser drei Typen können wir uns und die Menschen in unserer Umgebung ein wenig besser erkennen. Unsere Ansichten über das, das wir für »normal« und »richtig« oder »unnormal« und »falsch« halten, werden relativiert. Wenn wir begreifen, dass wir die Welt mit »gierigen« Augen sehen, finden wir »Hass-Typen« möglicherweise nicht mehr so befremdlich. Stattdessen verstehen wir, dass andere Menschen andere Systeme, andere Grundstimmungen verwenden, um in ihrer Welt Kontinuität herzustellen.

Andere Menschen haben andere Grundstimmungen. Deshalb sehen sie die Welt mit anderen Augen.

Übung: Mein soziales Umfeld

Welche Menschen gehören zu unserem engsten sozialen Umfeld? Mit wem haben wir regelmäßig zu tun? Wir schauen uns nacheinander die Menschen an, mit denen wir zusammenleben und arbeiten und mit denen wir die frei gewählte Zeit zusammen verbringen: Familie, Liebesbeziehung, Nachbarn, Kolleginnen, Freundschaften. Zu welchem Typus gehören diese Menschen? Wer ist eher ein Gier-Typ, ein Hass-Typ, ein Ignoranz-Typ, ein Misch-Typ? Wenn es uns schwer fällt, uns selbst klar zu sehen, können wir immer in den Spiegel schauen, den unsere Mitmenschen uns zeigen. Die Eigenschaften, die wir in unserem engen Umfeld entdecken, spiegeln immer auch Facetten unserer Persönlichkeit. Was sagen unsere Beziehungen über uns? Wie schätzen wir uns selbst ein?

Angenehme und unangenehme Gefühle

Auf angenehme und unangenehme Gefühle reagieren wir im Allgemeinen ziemlich eingefahren. Fünf dieser emotionalen Einstellungen oder Muster beschreibt der Buddhismus als die hauptsächlichen Hindernisse, die einem entspannten und kreativen Umgehen mit uns selbst und anderen im Weg stehen. Diese Hindernisse befinden sich vor allen Dingen in uns selbst. Wenn sie uns bei anderen Menschen sehr auffallen, können wir sicher sein, dass sie auch in uns wirken.

Fünf Hindernisse

Die fünf Hindernisse sind besonders leicht beim Meditieren zu beobachten, mit einiger Übung aber auch im Alltag. Es sind: Habenwollen und Nicht-Habenwollen, Trägheit, Unruhe und Sorgen und Zweifel. Angst taucht in dieser Liste zentraler Störungen nur indirekt auf. Existenzielle Verunsicherung und Angst gelten als Grundlage aller Hindernisse und aufgewühlter Emotionen, und sie sind deutlich spürbar, wenn wir uns Sorgen machen oder an uns selbst zweifeln. Diesem Thema wird später in diesem Buch ein ganzer Abschnitt gewidmet (siehe S. 93 ff.). Zunächst sollen in diesem Kapitel die ersten beiden Hindernisse behandelt werden. Es sind zwei Einstellungen, die den Großteil unserer emotionalen Konflikte ausmachen: Habenwollen und Nicht-Habenwollen. Im folgenden Kapitel werden die weiteren drei Hindernisse beschrieben: Trägheit, Unruhe und Sorgen und Zweifel. Außerdem wird es um Schuldgefühle gehen.

»Es ist doch einfach so!«

Im Alltag neigen wir häufig dazu, unsere eigene Sicht für objektiv richtig zu halten. Theoretisch ist uns klar, dass jeder Mensch seine eigene Weltsicht hat und braucht. Wie sollte es auch anders sein? Wir alle haben ganz unterschiedliche Persönlichkeiten, Lebensgeschichten und Lebensentwürfe. Wenn wir ehrlich sind, ist es in der Praxis aber immer wieder so, dass wir anderen verständnislos gegenüberstehen und einfach nicht begreifen können, wie jemand dieses denken oder jenes fühlen kann. »Es ist doch einfach so!«, denken wir insgeheim und meinen: Es ist doch einfach so, wie wir das sehen. Oft verteidigen wir unsere Sicht der Dinge auch, indem wir »objektive« Wahrheiten anführen. Gute Argumente und kluge Freunde, Zeitungsartikel, naturwissenschaftliche Erkenntnisse, die Astrologie oder die Weisheit aus Ost und West sollen unsere Wahrheiten und Weltsichten bestätigen. Uns fehlt der Mut, uns die subjektive Färbung unserer Sicht einzugestehen und die subjektive Färbung anderer Sichtweisen als ebenbürtig anzuerkennen. Warum ist das so? Alle unerwachten Menschen zerreißen ihre Erfahrungen. Wir alle trennen uns auf in ein »Ich da drinnen« und eine »Welt da draußen« – in Subjekt und Objekt – und fühlen uns als Folge davon abgetrennt und einsam. Und je abgetrennter und einsamer wir uns fühlen, um so größer wird unser Bedürfnis nach Sicherheit. Also objektivieren wir unsere Erfahrungen und Meinungen und behaupten: »Meine Einschätzungen und Urteile sind richtig, weil meine beste Freundin, meine Kollegen, die Naturwissenschaft, die Zeitungen, die weisen Bücher es genauso sehen.«

Für starke Menschen mit einem »dicken Fell« funktioniert dieser Umgang mit sich und der Welt recht gut. Viele von uns spüren jedoch, wie fragil dieses Konstrukt ist. Immer müssen wir uns verteidigen, immer kann es sein, dass die andere Seite die bessere Freundin, die klügere Zeitung, den aktuelleren naturwissenschaftlichen Text in die Waagschale werfen kann. Ohne die mutige Einsicht, dass innere Einstellungen, emotionale Muster und Gewohnheiten unsere Sicht der Welt färben, sind wir ständig getrieben. Wir jagen nach Bestätigungen und suchen die vermeintlichen Ursachen für Glück oder Unglück im Außen, wo wir sie niemals finden werden. Don Quijote hielt die Flügel der Windmühlen für feindliche Ritter. Wir halten die Wolken unserer Konzepte und Vorurteile und die Wogen unserer Emotionen für die objektive Welt, mit der wir hadern oder die wir auf der Suche nach Glück durchjagen, ohne jemals anzukommen. Weil wir die Ursache für Unzufriedenheit, Einsamkeit, Stress und Angst immer am falschen Ort suchen, kann uns eine »objektive« Welt keine dauerhafte Sicherheit geben.

Alle Menschen drehen sich im Kreislauf von Abgetrenntheit, Verunsicherung und Selbstbestätigung im Spiegel der äußeren Welt. Darum sind wir existenziell verunsichert. Erwacht und reif sind wir, wenn wir den Schein der Abgetrenntheit durchschauen und unsere Verbundenheit spüren können mit allem, was ist.

Habenwollen

Wir haben bereits geübt, unsere Grundgefühle wahrzunehmen und darauf zu achten, wie wir emotional darauf reagieren. Wir sind uns mit Hilfe der Übungen bewusst geworden, dass wir beinahe ständig etwas haben wollen. Wir wollen schöne Dinge sehen, angenehme

Klänge hören, köstliche Speisen essen und feine Düfte riechen. Wir möchten mit klugen und kompetenten Menschen zusammenarbeiten, gesund sein, stets inspiriert und guter Dinge. Wir möchten unsere große Liebe treffen, mit der wir zusammenleben, bis der Tod uns scheidet. Das soll aber erst geschehen, wenn wir hochbetagt sind und nach wie vor bei klarem Verstand und kerngesund.

Der Kern von Habenwollen ist der Wunsch nach Sinneseindrücken. Sinneseindrücke sollen möglichst angenehme Gefühle wecken, zur Not auch unangenehme – denn nichts scheint schlimmer als Stillstand. Deshalb fällt es uns auch so schwer, beim Meditieren einfach nur zehn Minuten stillzusitzen und »nichts« zu tun. Alles ist besser als »nichts«. Was Nichtstun so schwer macht, sind Unzufriedenheit und Habenwollen. Wir können in der Meditation üben, dieses unablässige Suchen nach Eindrücken zu spüren. Um damit arbeiten zu können, kann es sinnvoll sein, das Habenwollen hin und wieder »pur« wahrzunehmen und in seiner ganzen Heftigkeit zuzulassen.

Die unreflektierte Reaktion der meisten Menschen auf das »Raubtier Sinnenhunger« ist zu hoffen, dass sich diese Gier irgendwie stillen lässt. Die Asketen unter uns versuchen, den sinnlichen Versuchungen aus dem Weg zu gehen, um gar nicht erst in das Dilemma zu kommen, damit umgehen zu müssen. Der Buddha hat einen weisen Rat gegeben, der uns allen helfen kann, mit dem Sinnenhunger umzugehen. Sinngemäß lehrte er: Man kann damit ohne Angst und Unruhe leben lernen – unter der Voraussetzung, dass wir die grundlegenden Zusammenhänge begreifen, die zwischen Sinnenhunger und emotionalen und gedanklichen Reaktionen bestehen, und unseren Frieden damit schließen.

Die in Deutschland geborene, buddhistische Nonne Ayya Khema hat einmal vier Ebenen des Glücks beschrieben: *Sinnesfreuden, Gefühle der Liebe und Verbundenheit, Sammlung* und *Einsicht*. Sammlung und Konzentration können uns von dem ständigen Verlangen nach neuen Sinneseindrücken zeitweilig befreien. Spüren wir unseren Atemrhythmus mit allen Sinnen, dann verlangt es uns nach nichts anderem. Sammlung erfrischt und erfreut Leib und Seele, Körper und Geist. Wenn wir uns Zeit nehmen, einen Sonnenuntergang zu betrachten, und dann aus tiefstem Herzen sagen: »Wie wunderschön!« – dann fühlen wir uns einen Moment lang nicht abgetrennt, sondern verbunden mit der Natur. Der Sonnenuntergang berührt unser Herz, weil wir für Momente mit ganzem Herzen bei der Sache sind. Wir denken nicht nebenbei an tausend Dinge, die wir früher erlebt haben oder morgen tun wollen. Wir sind für Augenblicke ganz gegenwärtig. Das ist die Freude der Sammlung. Aufgeregte Freude und Sinnenhunger wollen immer gleich die nächste Erfahrung. Die Freude der Verbundenheit wirkt lange nach.

Zu den Übungen

Um Frieden mit unserem Hang zu angenehmen Sinneseindrücken zu schließen, steht am Anfang wieder: merken, was geschieht. Wir können den Sinnenhunger merken und unsere emotionalen Reaktionen registrieren. Wir können unsere aktuelle Stimmung, unsere Vorlieben und Abneigungen, unsere Ansichten und Werte bemerken und erkennen, welch großen Beitrag sie zu unserem Gefühlsleben leisten. Asketische Schulen in allen Religionen lehren auch eine Einschränkung der Sinneskontakte. Wenn wir uns für eine Woche Meditation zurückziehen, reduzieren wir Sinneseindrücke. Wir fasten auf vielen Ebenen: Wir reden nicht miteinander, sondern schweigen. Wir lesen keine Zeitung, hören keine Nachrichten und schauen auch nicht fern. Tatsächlich sitzen wir stundenlang herum und tun »nichts«. So, wie körperliches Fasten den Körper entschlackt, entlastet und entschlackt Sinnesfasten Herz und Geist. Allerdings: Wir können körperliches Fasten nicht zum Lebensstil machen, es sei denn, wir wollen sterben. Auch Sinnesfasten kann kein Lebensprinzip sein. Die Sinne gehören zum Leben und zum

Menschsein. Wenn wir uns zeitweilig zurückziehen, um mit den Sinnen zu fasten, geht es um einen Lernprozess. Das Ziel ist, klug mit unseren Sinnen umzugehen.

Eine andere Übung kann uns auf die Unbeständigkeit unserer Gefühle aufmerksam machen. Kein Gefühl dauert an. Gefühle sind per se unbeständig – sie halten einfach nicht an. Wir brauchen also den angenehmen Gefühlen nicht nachzujagen oder ihr Verschwinden zu beklagen. Ebenso wenig müssen wir vor unangenehmen Gefühlen weglaufen. Gefühle hören von allein wieder auf. Sie dauern nur Sekundenbruchteile – den fünfundsechzigsten Teil eines Fingerschnippens. Wenn sie zu dauern scheinen, so nur deshalb, weil wir sie immer wieder neu aktivieren. Wenn wir klug sind, aktivieren wir angenehme Gefühle ganz gezielt. Wir nehmen angenehme Gefühle mit Freude und Dankbarkeit an und teilen sie, zumindest in der Vorstellung, mit unseren Mitmenschen und allen Lebewesen. Und wir sind zuversichtlich, dass angenehme Gefühle auch in Zukunft wieder möglich sind. Diese Überlegung entlastet uns und löst viel Druck auf. Wer heute ein gutes Buch oder eine Tasse Kaffee genießen kann, wird das morgen vermutlich auch noch können. Wir haben begriffen, dass wir selbst es sind, die auf Situationen, Menschen und Dinge in unserer Umgebung mit angenehmen Gefühlen reagieren.

Übung: Mit allen Sinnen leben

Wir erinnern eine angenehme Situation aus den letzten Tagen. Was war Anlass für die angenehmen Gefühle? Welche Sinne standen im Vordergrund? Wie reagieren wir, wenn wir etwas riechen, hören, schmecken, spüren oder sehen, was unangenehme Gefühle auslöst? Welche Sinne sind am schnellsten »beleidigt«? Welche Sinne sind für uns besonders wichtig?

Hungern wir manchmal geradezu nach Sinneseindrücken? Kennen wir Sinnenhunger? Lassen wir unsere Sinne manchmal fasten? Sitzen wir manchmal in der stillen Wohnung ohne Musik? Wie ergeht es uns, wenn wir für eine halbe Stunde »nichts tun« – weder lesen, noch Musik hören, noch schnell dies oder jenes erledigen? Können wir das auch, ohne »offiziell« zu meditieren?

Kennen wir Momente, in denen wir so sehr mit dem Herzen bei der Sache sind, dass wir nichts anderes tun möchten? Spüren wir, wie unsere Aufmerksamkeit und Sammlung den Sinnenhunger stillt?

Übung: Sternstunden

Immer, wenn wir merken, dass wir dazu neigen, uns Sorgen zu machen, können wir diese Übung wiederholen. Wir können sie auch einige Wochen lang regelmäßig durchführen. Das öffnet Herz und Geist für die Freuden des Alltags.

Wir erinnern eine Situation der letzten Tage, in der wir uns wohl gefühlt haben. Was war Anlass für die angenehmen Gefühle? Welche Sinne spielten mit? Was empfanden wir als besonders wohltuend? Die Sinneseindrücke? Ein Gefühl der Verbundenheit? Waren wir ganz mit dem Herzen bei der Sache? Wurde uns plötzlich etwas klar? Haben wir etwas tiefer verstanden als je zuvor? Welche Ebene des Glücks stand im Vordergrund: Sinnesfreuden, Verbundenheit, Sammlung oder Einsicht? Können wir in den nächsten Tagen etwas tun oder lassen, um solchen Erfahrungen mehr Raum zu geben?

Nicht-Habenwollen

Genauso unbewusst und automatisch wie wir auf angenehme Gefühle reagieren, so automatisch reagieren wir auch auf unangenehme Gefühle. Wir wollen sie nicht haben, und wenn sie doch auftauchen, wollen wir sie sofort wieder loswerden. Wir setzen viel Zeit ein und geben eine Menge Geld aus, um uns vor unangenehmen Gefühlen zu schützen. Achten Sie einmal darauf, wie oft Sie sich in Gedanken mit der Abwehr oder Vermeidung unangenehmer Gefühle beschäftigen. Wir runzeln die Stirn, wenn wir uns unterhalten. Wir verziehen das Gesicht beim Essen, schütteln den Kopf, wenn wir lesen und uns Notizen machen. Wir jammern über den Stress auf der Arbeit und hadern mit unseren Schwächen. Zähneknirschend unterschreiben wir die Überweisung für einen Strafzettel und beklagen uns über die Mahnung vom Finanzamt. Manchmal legen wir uns einfach ins Bett, ziehen die Decke über den Kopf und wollen von der Welt nichts mehr wissen. Wenn wir uns jetzt auch noch darüber ärgern, wie eingefahren wir auf unangenehme Gefühle reagieren, sind wir vielleicht bereit für ein paar Lernerfahrungen im Umgang mit unangenehmen Gefühlen.

Unangenehme Gefühle akzeptieren

Unangenehme Gefühle gehören zum Leben. Wir brauchen sie, um uns orientieren zu können. Wenn sinkende Temperaturen keine unangenehmen Gefühle auslösten, kämen wir vermutlich nicht auf die Idee, uns bei Kälte einen Pullover überzuziehen. Wir würden kochend heiße Suppe essen und uns den Mund verbrühen. Anstatt eine einengende Lebenssituation zu verändern, würden wir jede Situation fraglos akzeptieren.

Gefühle brauchen wir, um zu überleben – auf unsere eingefahrenen emotionalen Reaktionen auf Gefühle können wir allerdings gut verzichten. Wem nützt es, wenn wir zum wiederholten Mal den kühlen deutschen Sommer beklagen? Was ändert es, wenn wir auf die Menschen um uns schimpfen, die nie das tun, was wir uns von ihnen erhoffen? Anstatt mit solcher Abwehr zu reagieren, sollten wir unsere unangenehmen Gefühle einfach akzeptieren. Sie sind in Ordnung. Wir brauchen uns nicht tot zu stellen, um unseren Seelenfrieden zu finden. Wir müssen lediglich lernen, unangenehme Gefühle zu spüren und anzunehmen – in dem Wissen, dass sie ohnehin nicht ewig andauern, und in dem Vertrauen, dass wir auch wieder angenehme Gefühle erleben werden.

Akzeptanz und Vertrauen schaffen Raum – und wenn Raum da ist, wird kluges Handeln möglich. Wir bemerken, dass wir schlechter Stimmung sind, und kümmern uns darum, uns etwas Gutes zu tun. Wir akzeptieren unsere Missstimmung und vertrauen darauf, dass das heiße Bad oder das Telefongespräch mit der Freundin uns helfen wird. Vertrauen öffnet den inneren Raum. Darin kann sogar ein Tag Platz haben, an dem wir so gar nicht unserem Bild von uns entsprechen.

Auch Buddhas – erwachte Menschen – kennen angenehme und unangenehme Gefühle, sonst könnten sie nicht überleben in einer Welt mit unterschiedlichen Temperaturen, in der es spitze Steine und Bitterstoffe, Autos und Hagelschauer gibt. Der Unterschied zwischen erwachten und unerwachten Menschen besteht im Umgang mit Gefühlen. Buddhas leben mit Akzeptanz und Vertrauen und handeln angemessen und klug. Sie machen aus jeder Situation das Beste. Wenn wir aufhören, auf angenehme und unangenehme Gefühle mit Dramen zu reagieren, wenn wir aufhören, panisch vor unangenehmen Gefühlen wegzulaufen und angenehmen nachzujagen, haben wir alle Zeit der Welt. Dann ruhen wir »geborgen im Sein«, wach und entspannt, ohne Bedauern über Vergangenes und ohne Furcht vor der Zukunft, ohne die existenzielle Angst vor Leben und Tod.

Waches und gelassenes Umgehen mit Gefühlen, in dem Wissen und Vertrauen, dass kein Gefühl ewig andauert – das ist der Ausgang aus dem Kreislauf des Leidens und der Unzufriedenheit.

Mitgefühl und Gleichmut

Wir können kreativ mit unserer Abwehr und Abneigung gegenüber unangenehmen Gefühlen umgehen, wenn wir merken, dass diese Einstellungen in uns selbst entstehen. Wir müssen – zunächst theoretisch – akzeptieren, dass unsere Abwehr und Abneigung nicht die »natürlichste Reaktion der Welt« auf eine »objektiv beklagenswerte Situation« ist. Haben wir diesen Schritt getan, können wir durch Übungen in der Meditation und im Alltag gezielt neue Erfahrungen machen, die uns immer vertrauter damit werden lassen, dass Abwehr und Abneigung ebenso wie Habenwollen oder Verbundenheit in uns selbst entstehen. Mitgefühl und Gleichmut bauen die Neigung ab, unangenehme Gefühle abzuwehren. Sie schwächen Abwehr und Ärger, wenn sie bereits da sind. Wenn wir Mitgefühl und Gleichmut fördern, konzentrieren wir uns nicht mehr auf die Auslöser unserer unangenehmen Gefühle, sondern versuchen, klug damit umzugehen.

Mitgefühl kann uns helfen, auch in schwierigen Situationen Verbundenheit mit anderen herzustellen. Wenn uns der Bus wieder einmal vor der Nase weggefahren ist, können wir denken: »Mögen alle, die jetzt den Bus verpasst haben, sich nicht darüber ärgern. Mögen wir alle in Ruhe auf den nächsten Bus warten.« So akzeptieren wir unsere unangenehmen Gefühle mit Mitgefühl. Die unangenehmen Gefühle sind da, und wir nehmen sie an. Wir denken an andere Menschen in der gleichen misslichen Situation und fühlen uns gleich nicht mehr so allein mit unserem Leid. An andere zu denken weicht unsere Selbstbezogenheit auf, und das tut gut. Uns zu erinnern, dass auch andere verlassen werden, sich mit ihren Kindern streiten, Überstunden machen müssen und Strafzettel bekommen, zeigt uns, dass wir nicht alleine sind. Wir fühlen uns mit anderen verbunden, und auch das tut gut.

Mitgefühl ist etwas anderes als aufgeregtes Mitleid, das eher unseren eigenen Ängsten und Sorgen entspringt und das Leid anderer Menschen nur zum Anlass nimmt, eigene Leiden zu beklagen. Wenn Menschen, denen wir mitleidig helfen wollen, unseren Rat nicht annehmen, schlägt das Mitleid schnell in Wut oder Gleichgültigkeit um: »Soll sie doch in ihrem Gefühlssumpf weiterschmoren, wenn sie nicht auf mich hört. Soll er doch selbst sehen, wie er den Auftrag fertigstellt, wenn er meinen Beitrag nicht einarbeiten will.« Mitgefühl dagegen sieht auf beiden Augen: Wir nehmen mit Freude und Dankbarkeit an, was da ist, und wir erkennen, was nicht klappt. Auch wenn unsere Hilfe nicht funktioniert, geben wir nicht auf, denn wir wissen: Lösungen sind komplex und brauchen Zeit. Da wir uns nicht für die Retterin oder den Retter der ganzen Welt halten, tun wir unser Bestes und bleiben ruhig.

Auch Gleichmut ist eine große Hilfe im Umgang mit aufgewühlten Emotionen. Gleichmut wurzelt in Dankbarkeit, Freude und Mitgefühl. Gleichmut entfaltet sich dann, wenn wir uns über uns selbst, unsere Mitmenschen und das Leben an sich freuen können, wenn wir dankbar für die vielen Möglichkeiten und günstigen Bedingungen sind und mitfühlend mit den eigenen Schwierigkeiten und denen anderer Menschen umgehen können. Gleichmut zu entfalten ist nicht leicht, sondern ein Ergebnis lebenslangen Übens.

Damit Gleichmut entsteht, braucht es einige Einsichten: Schwierigkeiten sind ein Teil des Lebens. Niemand ist daran schuld, weder andere Menschen noch äußere Umstände noch wir selbst. Solange wir unsere Gefühle nicht verstehen und damit umgehen können, solange wir an Ansichten und Vorurteilen, emotionalen Mustern und eingefahrenen Gewohnheiten hängen, geraten wir immer wieder in Schwierigkeiten. Das ist normal. Niemand ist schuld, aber es geschieht. So zu denken ist schon der erste Schritt hin zum Gleichmut. Probleme tauchen auf, und wir tun unser Bestes, um damit klug umzugehen. Wenn wir das verstehen und nicht mehr von uns und dem Leben erwarten, verlieren wir den Frieden unserer Seele nicht, auch wenn es in unserem Leben auf und ab geht. Wir können uns sogar ärgern, müde sein, traurig und ohne Inspiration. Die Wellen mögen hochschlagen, doch ganz tief in uns ist das Meer ruhig und klar. Ein tibetisches Sprichwort lautet: »Du brauchst dich nie zu ärgern. Entweder kannst du etwas ändern, dann ändere es. Oder du kannst nichts ändern, dann hat es ebenfalls keinen Sinn, sich zu ärgern.« Das ist die Weisheit des Gleichmuts.

Gleichmut ist etwas anderes als Gleichgültigkeit. Wenn uns etwas oder jemand gleichgültig ist, dann verschließen wir unser Herz. Wir lassen den unglücklichen Kollegen und die Freundin im Dauerstress einfach links liegen. Wir kümmern uns nicht mehr um sie. Wir mögen zwar unseren Seelenfrieden haben, fühlen uns aber auch leblos und ohne Inspiration. Eigentlich kann man die beiden Einstellungen nicht verwechseln. Mit Gleichmut fühlen wir uns mutig und stark, lebendig und ruhig. Mit Gleichgültigkeit legen wir unsere Gefühle auf Eis.

Mitgefühl stellt auch in schwierigen Zeiten Verbundenheit mit anderen Menschen her. Gleichmut schafft einen Ort der Ruhe jenseits von aufgewühlten Emotionen.

Körperliches Wohlbefinden

Ist Ihnen schon einmal aufgefallen, dass Sie sich niemals ärgern, wenn Sie sich körperlich wohlfühlen? Körperliches Wohlbefinden und Ärger scheinen einfach nicht zusammenzupassen. Wir alle wissen, wie schnell sich die Frustration eines schwierigen Arbeitstages im heißen Badewasser auflösen kann. Körperliches Wohlbefinden entsteht oft in der Meditation, wenn wir unseren Körper entspannen und wahrnehmen. Auch auf dieser Ebene wirkt die Meditation heilend: Sie kann körperliches Wohlbefinden schaffen und das befreit uns – zumindest zeitweilig – von der Neigung, uns zu ärgern.

Es gibt neben der Meditation viele Möglichkeiten, für angenehme Körpergefühle, als ein wunderbares Heilmittel für schlechte Laune und Abwehr, Ärger und Unlust, zu sorgen. Wenn wir uns unwohl und unzufrieden fühlen, öffnen wir das Fenster und sorgen für frische Luft. Wir machen ein paar Dehnübungen oder einige Kniebeugen, essen oder trinken eine Kleinigkeit, laden unsere Kollegin zu fünf Minuten gegenseitiger Massage im Nacken ein oder gehen ein paar Schritte. Das klingt einfach, doch die Wirkung ist verblüffend.

Immer, wenn wir schlechte Laune oder Ärger bemerken, können wir für körperliche Erfrischung und Entspannung sorgen.

Zu den Übungen

Der Sinn der folgenden Übungen besteht nicht darin, Gleichgültigkeit oder politische Apathie zu predigen. Sie sollen ganz im Gegenteil unser Einfühlungsvermögen fördern. Solange wir in unsere Konzepte, unsere Abwehr und unseren Ärger verstrickt sind, können wir uns leidenden Menschen nicht öffnen.

Übung: *Mitgefühl und Mitleid*

Wir erinnern eine Begegnung aus den letzten Tagen mit einem Menschen, der litt oder zu leiden schien. Vielleicht haben wir mit einer Freundin gesprochen, die schon seit Langem keinen Weg sieht, aus ihrer schwierigen Lebenssituation herauszukommen. Oder wir haben eine Bekannte im Krankenhaus besucht, die unter der mangelnden menschlichen Wärme der Ärztinnen und

Pfleger litt. Vielleicht waren wir an einem Großstadtbahnhof und haben Drogenabhängige oder verwahrloste Menschen gesehen, deren Anblick uns nachhaltig berührt hat.

Wie haben wir uns in Gegenwart dieser Menschen gefühlt?
Was haben wir ihnen gegenüber empfunden?

Haben wir uns über unser Sozialsystem aufgeregt, das für Menschen in schwierigen Lebenslagen zu wenig tut? Haben wir über unser Gesundheitssystem und die Apparatemedizin geschimpft, die kranke Menschen nur noch als Fälle behandeln? Haben wir uns Strategien überlegt, was unsere Freundin oder die Fremden am Bahnhof tun oder lassen sollten? Haben wir uns unsicher abgewandt oder zu Ausflüchten gegriffen?

Solange unsere erste Reaktion in solchen Situationen von Ärger, Distanz und Überlegenheit geprägt ist, handelt es sich um Mitleid, das aus Angst vor Leiden Mauern baut. Wenn wir emotionale Mauern bauen, können wir uns der konkreten Person nicht mitfühlend zuwenden.

Im Freiraum der Übung können wir Mitgefühl einüben. Wir spielen ein oder zwei Situationen noch einmal durch und stellen uns vor, wie wir diesen leidenden Menschen bei der nächsten Begegnung wünschen: Mögest du glücklich sein, wie auch immer Glück für dich aussieht.

In Zen-Klöstern wird oft ein Vers rezitiert. Wir können ihn im Alltag rezitieren oder wenn wir in der Übung an eine Begegnung mit einem leidenden Menschen denken:

Mögen Leidende frei sein von Leiden und Trauernde wieder froh im Herzen. Mögen Ängstliche die Angst verlieren und Kranke geheilt sein von Schmerz.

Übung: Gleichmut und Gleichgültigkeit

Wir erinnern eine Begegnung aus den letzten Tagen mit Menschen, die unangenehme Gefühle in uns geweckt haben.

Wie haben wir uns in ihrer Gegenwart gefühlt? Was haben wir ihnen gegenüber empfunden? Haben wir uns schnell wieder in die Zeitung vertieft oder gezielt an etwas anderes gedacht? Wollten wir unsere gute Stimmung nicht verderben lassen?

Solange unser innerer Frieden auf Distanz und Ablehnung, Ärger und Überlegenheit aufbaut, üben wir Gleichgültigkeit und bauen Mauern.

Im Freiraum der Übung können wir Gleichmut einüben, eine Haltung, die im Idealfall mit Zuneigung, Einfühlung und Freude einhergeht. Bei der nächsten Begegnung mit einer unangenehmen Person können wir uns wünschen: Mögen wir alle in Gleichmut ruhen, ohne an angenehmen Gefühlen zu hängen und unangenehme Gefühle wegzuschieben, in Frieden und ohne Parteilichkeit.

Trägheit, Sorgen, Zweifel, Schuldgefühle

Körperliche oder geistige Trägheit, Unruhe und Sorgen, Selbstzweifel, Unentschlossenheit und Schuldgefühle machen uns das Leben besonders schwer. Auch diese Gefühle müssen uns nicht dominieren. Achtsames Merken schafft den Raum, flexibel und angemessen damit umzugehen.

Drei Arten von Trägheit

Trägheit überfällt uns immer dann, wenn wir etwas ungern machen. Wenn wir die Schublade mit den Steuerunterlagen öffnen, überfällt uns bleierne Müdigkeit. Wenn wir die ungebügelten Blusen und Hemden sehen, brauchen wir dringend ein Mittagsschläfchen. Wenn wir Menschen, Arbeitsabläufe oder Umstände nicht mögen, weichen wir in Erschöpfungszustände aus. Das ist *Trägheit aus Abneigung.*

Es gibt auch *Trägheit aus mangelndem Selbstvertrauen:* Müssen wir das neue Autoradio einbauen oder ein Textprogramm installieren, am Wasserhahn eine Dichtung einsetzen oder das erste Mal eine Sitzung leiten, überfällt uns urplötzlich eine große Müdigkeit. Wir fühlen uns verpflichtet, eine Arbeit zu erledigen, finden uns aber nicht richtig kompetent und trauen sie uns nicht zu.

Eine dritte Form der Trägheit ist schwer als solche zu erkennen. Auch hier wollen oder sollten wir »eigentlich« die Steuererklärung machen, Hemden bügeln oder einen lange schwelenden Konflikt ansprechen. Wir machen es aber nicht, weil wir Wichtigeres zu tun haben. Wir weichen dem aus, was ansteht, und lenken uns mit anderen Tätigkeiten ab. Das ist *Trägheit verkleidet als geschäftiges Tun*. Diese Art von Trägheit ist in unserer Gesellschaft weit verbreitet – denn beschäftigt zu sein gilt besonders in Deutschland als Tugend. In unserer Hektik merken wir oft nicht, wenn sich hinter all der Geschäftigkeit eigentlich Ausweichen, Aufschieben und Trägheit verbergen. Für unruhige und gestresste Menschen ist formelle Sitzmeditation oft die erste akzeptable Form des Nichtstuns. Man »tut« zwar »nichts«, hat aber doch das Gefühl, die Zeit sinnvoll zu verbringen.

Kreativer Umgang mit Trägheit

Kann man Trägheit heilen? Wie immer hilft uns eine genaue Körperwahrnehmung. Vielleicht leiden wir gar nicht an Trägheit, sondern sind einfach rechtschaffen müde, weil wir tagelang gearbeitet und wenig geschlafen haben. Da viele Menschen lieber Pläne schmieden, als ihren Körper zu spüren, merken sie oft nicht, wenn Leib und Seele, Körper und Geist alles Recht haben, müde und erschöpft zu sein. Anstatt noch mehr Leistung von sich zu verlangen und anstatt in »hektische Entspannungsübungen« zu verfallen, hilft gegen solche Formen der Müdigkeit nur, sich wirklich einmal auszuruhen, früh ins Bett zu gehen, richtig auszuschlafen oder ein, zwei Tage ohne Programm zu verbringen.

Entdecken wir hinter unserer Müdigkeit aber tatsächlich Abwehr gegen Tätigkeiten, die uns verleidet sind, so gibt es viele kreative Möglichkeiten, einen Umgang damit zu finden. Vielleicht gibt es jemanden, der die Arbeit für uns erledigt? Was wir ungern tun, kann anderen Spaß machen. Umgekehrt können wir später einspringen und aushelfen, wenn unsere Nachbarin oder unser guter Freund nicht weiterkommt mit einer Arbeit, die wir möglicherweise ganz interessant finden. In unserer Gesellschaft möchte jeder ein Einzelkämpfer sein. Dabei können gerade solche Momente der gegenseitigen Hilfe Freundschaften schaffen und vertiefen.

Bei Trägheit aus Abwehr hilft pflichtbewussten Menschen die Einsicht in die Notwendigkeiten: »Ich sortiere meine Unterlagen nicht gerne, aber morgen läuft die Frist ab, also mache ich es.« Wir können uns auch, bevor wir uns an ungeliebte Erledigungen setzen, ein oder zwei Stunden mit unserer aktuellen Lieblingsarbeit befassen. Das macht Freude, hebt unsere Stimmung, wir fühlen uns wohl – und schon gibt es kaum noch Abwehr. Wer ein mitfühlendes Herz hat, lässt sich leicht motivieren, wenn die Arbeit anderen zugutekommt.

Was können wir bei Trägheit aus mangelndem Selbstvertrauen tun? Manche Arbeiten schieben wir wochenlang vor uns her. Wir lassen das neue Regal unausgepackt im Keller stehen, arbeiten lieber mit dem alten Textprogramm weiter, statt das neue auszuprobieren, setzen uns einfach nicht an das Gutachten, das wir schreiben wollen. Selbst wenn wir hoch motiviert die Ärmel aufkrempeln und zupacken wollen, fällt uns plötzlich ein, dass wir unbedingt zuerst noch in Ruhe ein Tasse Tee trinken oder uns eine halbe Stunde auf den Balkon in die Sonne legen müssen. Die Wahrheit ist, dass wir die Arbeit aufschieben, weil wir sie uns nicht zutrauen. Bei dieser Form der Trägheit hilft nur »learning by doing«: anfangen und ausprobieren. Wichtig ist, dass wir uns nicht unter Leistungs- und Erfolgsdruck stellen. Wenn wir uns erlauben, Fehler zu machen, wird unsere Neugier erwachen und uns helfen, einen für uns passenden Weg zu finden, diese Arbeit zu erledigen.

Am schwierigsten ist es, mit der Trägheit zurechtzukommen, die sich mit dem Mantel der Geschäftigkeit verkleidet: »Ich komme leider auch heute nicht dazu, den Keller aufzuräumen. Ich muss unbedingt zuerst den Artikel zu Ende lesen.« – »Ich habe den Abwasch stehen lassen, ich muss unbedingt mit meiner Mutter telefonieren.« Wir drücken uns vor dem, was ansteht, und berufen uns auf wichtigere Tätigkeiten. Wir sind zu beschäftigt, um den Augenblick zu genießen. Wir müssen die Zukunft planen, hadern mit der Vergangenheit oder weinen ihr nach. Was hält uns ab von dem, was jetzt gerade ansteht? Was blockiert die Kraft, in der Gegenwart zu leben? Der springende Punkt sind unsere Prioritäten: Was mir wichtig ist, dafür finde ich Zeit. Und das, was ich tatsächlich tue, zeigt, was mir wichtig ist. Hier hilft nur eine ehrliche Überprüfung unserer Prioritäten. Wir können ein Blatt Papier nehmen und zwei Fragen darauf schreiben: »Was ist mir wirklich wichtig im Leben, was liegt mir am Herzen?« Und: »Was mache ich den ganzen Tag?« Wir können unter jede Frage eine kleine Liste mit Stichworten setzen, ohne Anspruch auf Vollständigkeit. Wir können völlig unterschiedliche Dinge nennen: Tätigkeiten und Fähigkeiten, Einsichten und Sehnsüchte, Werte und Einstellungen. Je mehr sich die beiden Listen ähnlich, desto zufriedener und ausgeglichener sind wir. Stimmen die beiden Listen kaum überein, so ist uns nun zumindest klarer, was wir »offiziell« und »inoffiziell« anstreben.

Tun, was uns am Herzen liegt, gibt Kraft. Widerstand kostet Kraft. Nach und nach können wir dem mehr Raum geben, was uns wirklich am Herzen liegt: spazieren gehen und Klavier spielen, joggen und die Sternwarte besuchen, meditieren und Kanu fahren, Spanisch lernen und einen Töpferkurs besuchen. Eingebettet in Aktivitäten, die uns gut tun, können wir das besser akzeptieren, was wir aus Pflichtgefühl und Sicherheitsbedürfnis, aus Angst vor Liebesverlust und Gewohnheit tun. Denn auch diese Haltungen gehören zurzeit noch zu uns. Es hat wenig Sinn, sie zu ignorieren oder uns zu wünschen, dass sie von heute auf morgen verschwinden.

Beim Umgang mit Trägheit und anderen schwierigen Gefühlen ist kein Zugang der objektiv beste. Es geht darum auszuprobieren, auf welchem Weg und mit welcher Einstellung wir am meisten Raum spüren und was uns am leichtesten motiviert.

Gehen wir unsere Trägheit mit Experimentierfreude an, werden wir nicht nur einen Weg finden, das zu erledigen, was ansteht. Wir machen auch eine wertvolle Erfahrung mit unserem Einfallsreichtum, unserer Fantasie und Kreativität.

Übung: Müdigkeit und Trägheit

In dieser Übung werden vier Arten von Trägheit oder Müdigkeit angesprochen. Vermutlich kennen wir alle vier Varianten. Wir können uns in jeder Übung eine Variante anschauen.

Wir denken an eine typische Situation, in der wir müde sind oder plötzlich müde werden. Um welche Art von Müdigkeit handelt es sich?
    Sind wir »rechtschaffen müde« nach einem langen Arbeitstag?
    Sind wir müde, weil wir keine Lust haben, eine lange aufgeschobene Pflicht zu erledigen?
    Sind wir müde, weil wir etwas erledigen wollten, das wir uns nicht zutrauten?
    Sind wir müde, obgleich wir doch etwas Sinnvolles und Wichtiges tun wollten wie Yoga, Lektüre oder Meditation?

Wenn wir die Ursache unserer Müdigkeit erkannt und benannt haben, können wir einen Moment damit verbringen, uns den Weg aus der Müdigkeit vorzustellen.

Bei echter Erschöpfung nach viel Arbeit ist Ausruhen das Beste. Wie stellen wir uns das vor, einmal so richtig schön auszuruhen?
    Wenn uns eine aufgeschobene Pflicht müde gemacht hat, gibt es nur ein Heilmittel: anpacken. Wie sieht es aus, wenn wir tatkräftig und mit guter Laune ans Werk gehen? Was könnte uns inspirieren und unsere Stimmung heben, so dass wir die Kraft zum Anpacken haben?

Wenn mangelndes Selbstvertrauen uns müde gemacht hat, ist das Heilmittel ebenfalls: anpacken. Wir müssen uns so lange mit der Materie befassen, bis wir uns schrittweise immer besser damit auskennen. Wir erinnern uns an Fähigkeiten, die wir erworben haben, obwohl wir einmal dachten, das könnten wir nie lernen. Vielleicht haben wir gelernt, eine Sprache zu sprechen, Auto zu fahren, am Computer zu arbeiten oder ein Kind großzuziehen. Wir freuen uns daran, dass es möglich ist, uns in kleinen Schritten neue Fähigkeiten anzueignen.

Wenn wir immer kurz vor der Meditation oder dem Yoga müde werden, sind unsere Prioritäten nicht klar und unsere Motivation ist halbherzig. Denn für alles, was uns wirklich wichtig ist, finden wir Zeit. Wir machen uns für die Dauer dieser Übung noch einmal klar, warum die Meditation, das Yoga oder die Rückenübungen wichtig, heilsam und wohltuend für unser Leben sind.

Übung: Energie tanken

Wir gehen in Gedanken die letzte Woche durch und schauen, was wir alles getan haben. Welches Tun kostet Energie? Welches Tun weckt Energie? Was hat uns Freude bereitet? Was war uns lästig? Was können wir in den nächsten Tagen von unserer Seite her tun oder lassen, um energiespendenden Tätigkeiten mehr Raum zu geben? Welche Umstände und Menschen können uns auf diesem Weg unterstützen und inspirieren?

Übung: Was ist mir wichtig im Leben?

Wir fragen uns: Was ist mir wirklich wichtig im Leben? Welche Menschen und Themen, Tätigkeiten und Werte sind mir ein großes Anliegen? Wir notieren etwa zehn Dinge für unsere offizielle

Prioritätenliste. Dann fragen wir uns: Und was tue ich den ganzen Tag? Bei der Arbeit? In der Freizeit? Am Wochenende? Im Urlaub? Welchen Raum nehmen die Dinge ein, die mir wirklich wichtig sind? Haben sie genug Platz in meinem Leben?

Wenn wir glauben, wir müssten einfach zu viele Dinge tun, die uns eigentlich nicht so wichtig sind, können wir nach den heimlichen Prioritäten hinter unserem tatsächlichen Tun suchen: Wir arbeiten zu viel, weil wir einen bestimmten Lebensstandard gewöhnt sind und befürchten, ihn zu verlieren. Wir treffen zu viele Menschen, weil wir an ihrer Zuneigung hängen oder weil wir uns gebraucht fühlen wollen. Wir besuchen zu viele Kurse, weil wir uns auf keine Sache richtig einlassen können.

Je besser wir unsere offiziellen und heimlichen Prioritäten kennen, desto weniger liegen wir mit unserem Leben im Zwiespalt. Und desto mehr Zeit haben wir für das, was uns am Herzen liegt.

Unruhe und Sorgen

In kaum einem Land werden so viele Versicherungen abgeschlossen wie in Deutschland. Das hat nicht nur mit einer vernünftigen Vorsorge zu tun, sondern es drücken sich darin eine sorgenvolle Mentalität und viel Lebensangst aus. Gegen was wollen wir uns nicht alles absichern: Feuer und Wasser, Wind und Erdbeben, übel gesinnte Menschen und die eigene Dummheit, Unfälle und Verluste aller Art.

Achten Sie einmal einen Tag lang darauf, was in Ihrem Kopf vor sich geht. Sie werden feststellen, dass Sie einen erheblichen Teil Ihrer Zeit damit verbringen, sich über vergangene und zukünftige Probleme – oder Ihre Fiktion davon – Sorgen zu machen. Wir »meditieren« ständig über uns und andere. Wir bewegen alte Erfahrungen im Herzen, fühlen uns schuldig, weil wir den Geburtstag unserer Schwester vergessen haben oder unserem Kollegen über den

Mund gefahren sind. Wir hadern als längst erwachsene Menschen noch immer mit unseren Eltern, weil sie uns zu streng erzogen und wir uns deshalb ganz anders entwickelt haben, als es vielleicht möglich gewesen wäre. Wir verbringen lange Abende damit, den Verlust einer Liebesbeziehung zu beklagen, die schon seit fünf Jahren beendet ist. Dann richten wir unsere Sorge in die Zukunft: Wie werden unsere eigenen Kinder später über uns denken? Haben wir alles richtig gemacht? Werden wir in der nächsten Liebesbeziehung auch nach zwei Jahren schon wieder scheitern? Warum schaffen wir es nie, den Mund zu halten, wenn wir ärgerlich sind? Ob wir uns je ändern werden? Wir projizieren unsere schlechten Erfahrungen in die Zukunft, deshalb versichern wir uns gegen alles, was wir in sorgenvollen Zukunfts-Fantasien auf uns zukommen sehen.

Sicherlich ist es wichtig, nicht nur in den Tag hineinzuleben, sondern sich auch eine Vorstellung von der Zukunft zu machen. Erfahrungen sind unverzichtbar. Kluge Menschen nutzen ihre Erfahrungen jedoch, um daraus zu lernen. Ihre Zukunftsvorstellungen nutzen sie, um vorausschauend zu handeln. Grübeln und kluges Nachdenken über Vergangenheit und Zukunft unterscheiden sich in einem wesentlichen Punkt: Wenn wir grübeln, drehen wir uns im Kreis und wiederholen die immer gleichen Argumente – unser Herz verschließt sich und unsere Ansichten werden starr. Kluges Nachdenken hingegen öffnet den Geist, und unser Herz wird leichter.

Mit offenem Herzen und offenem Geist sehen wir mehr und kommen auf produktivere Lösungen: Wir sehen klar, dass die Kollegin ihren Bericht schon wieder nicht pünktlich erstellt hat, und wir dadurch selbst in Verzug geraten. Wir sehen aber auch, dass sie gerade Probleme mit ihren Kindern hat, und es fällt uns eher etwas ein, wie wir uns und die Kollegin entlasten können.

Grübeln verschließt das Herz.
Kluges Nachdenken öffnet Herz und Geist.

Selbstzweifel und Unentschlossenheit

Ob es uns leicht fällt oder nicht – wir müssen im Leben immer Entscheidungen treffen. Mit siebzehn entscheiden wir uns für eine Lehre bei der Bank und mit fünfunddreißig für den zweiten Bildungsweg oder für die Scheidung. Wir beschließen, alleine zu wohnen oder das Coming-out zu riskieren und die langjährige Freundin auch bei den Eltern endlich als Lebensgefährtin vorzustellen. Mit vierzig entscheiden wir uns für den dritten Traummann oder das erste Kind – oder für beides auf einmal. Nach einigem Abwägen entscheiden wir uns für die Wohnung im vierten Stock, die zwar keinen Aufzug hat, aber schön geschnitten ist und einen Südbalkon mit Blick auf eine Kastanie hat. Wir überlegen, ob wir nach zehn Jahren endlich mit unserer Geliebten zusammenziehen – oder wieder auseinander.

Wenn wir unentschlossen sind, schwanken wir zwischen mehreren Möglichkeiten und wagen nicht, einen Schritt zu tun – es könnte ja der falsche Schritt sein. Es gibt viele Gründe für Unentschlossenheit: Häufig sind wir uns nicht im Klaren darüber, was wir eigentlich wollen. Oder wir haben das Gefühl, die Folgen unseres Handelns nicht abschätzen zu können. Oft bleiben wir vor der Vielfalt der Möglichkeiten lieber eine Weile stehen, weil eine Entscheidung uns diese Vielfalt nehmen würde. Wir möchten lieber potenziell alle Erfahrungen machen, als uns in der Wirklichkeit auf eine oder zwei festzulegen. Das Problem dabei ist: Unser Leben wandelt sich unaufhörlich. Wenn wir uns nicht entscheiden, tun es häufig die Umstände für uns. Eine Frau, die mit fünfundvierzig noch kein Kind bekommen hat, wird das kaum nachholen können. Wenn ich mich immer wieder um die Entscheidung drücke, ob ich mich nun bei einer Freundin entschuldige oder es bleiben lassen will, dann wird meine Entschuldigung die Freundin eines Tages nicht mehr interessieren. Denn auch für sie vergeht Zeit, sie verändert sich, irgendwann einmal ist die Möglichkeit für mich vorbei.

In solchen Situationen ergreift uns oft der Katzenjammer: Wir bereuen, die Sache nicht selbst in die Hand genommen zu haben, und fühlen uns als Spielball der Umstände.

Menschen, die sich leicht entscheiden können, setzen schnell neue Entwicklungen in Gang. Sie gehen das Risiko ein, Fehler zu machen, können mit einer neuen Entscheidung aber auch schneller wieder eine neue Richtung einschlagen. Unentschlossenheit hingegen macht das Leben kompliziert und sorgt für Frustrationen. Wir wollen nichts ausprobieren, denn wir könnten ja scheitern und Fehler machen. Also grübeln wir lieber, müssen jedoch feststellen, dass wir mit dem Verstand allein keine Lösungen finden. Die Wirklichkeit ist immer komplexer, als es die Pläne am grünen Tisch verheißen. Ein zweifelnder Geist ist zerrissen: im wörtlichen Sinne ent-zweit und ver-zwei-felt.

Die Wurzel der Unentschlossenheit ist häufig Selbstzweifel: Wir trauen uns wenig zu, wagen kaum etwas und schätzen uns selbst und andere unrealistisch ein. Wir idealisieren und bewundern Menschen, die scheinbar alles besser können als wir selbst. Unsere eigenen Fähigkeiten unterschätzen wir, und auf ähnlich »kleine Lichter« wie uns gucken wir gerne verächtlich herab. Wir fühlen uns durch die Freundschaft mit der stadtbekannten Journalistin oder dem erfolgreichen Bauunternehmer aufgewertet. Sucht jemand jedoch unsere Hilfe oder braucht unsere Kraft, so kann es leicht vorkommen, dass wir diesen Menschen verachten. Wir betonen Kritik und Schwächen, Lob und Stärken nehmen wir kaum wahr.

Unproduktiver Zweifel hängt mit mangelnder Selbstkenntnis zusammen. Da wir unsere Stärken und Schwächen nicht genau kennen, trauen wir uns wenig zu, vor allem nichts Neues. Weil wir nicht genau wissen, was wir wollen, werden wir misstrauisch gegenüber anderen, die uns mit ihrer Energie überrollen könnten. Wir setzen keine Prioritäten, weil wir uns über unsere Bedürfnisse nicht im Klaren sind. Stattdessen stochern wir herum: besuchen alle drei Monate einen neuen Kurs und machen eine Zusatzausbildung nach der anderen. Wir sehnen uns nach Freundschaften oder Liebe, legen uns selbst gegenüber aber keine Rechenschaft darüber ab, mit welcher Art von Menschen wir uns wohlfühlen. Phasen des Alleinseins wechseln mit Phasen ab, in denen wir uns kopfüber in neue Lieben und Freundschaften stürzen – ohne richtig hinzusehen, mit wem wir es da eigentlich zu tun bekommen.

Zweifel kann durchaus produktiv sein – wenn er uns dazu inspiriert, eine schwierige Situation tiefer zu verstehen und schließlich zu überwinden. Damit Zweifel produktiv wird, braucht es einige Voraussetzungen: Zunächst einmal müssen wir uns klar eingestehen, dass wir etwas nicht können oder wissen. Dieser Schritt ist oft der schwerste, denn häufig haben wir Angst vor genau dieser Klarheit. Wenn wir jedoch erst einmal laut und deutlich zu uns selbst sagen: »Das kann und weiß ich offenbar noch nicht!« – dann ist es auch leichter, den zweiten Schritt zu tun und zu sagen: »Aber ich kann es lernen!« Wir müssen also den Wunsch entwickeln, uns das nötige Wissen und Können anzueignen. Nun ist die Bereitschaft wichtig, dafür auch etwas zu tun. Und schließlich brauchen wir Genauigkeit: Wir schauen genau hin und wägen die Vor- und Nachteile sorgfältig ab. Wir sprechen mit Menschen, die den Job schon einmal gemacht haben, der uns angeboten wurde. Wir sehen uns den neuen Arbeitsplatz vor Ort an, informieren uns und machen uns ein möglichst genaues Bild von der zukünftigen Situation.

Produktiver und unproduktiver Zweifel sind leicht zu unterscheiden. Produktiver Zweifel macht wach und inspiriert uns, nach Lösungen zu suchen. Wir probieren verschiedene Möglichkeiten aus und lernen aus unseren Erfahrungen. Am Ende wissen wir, was wir wollen, und tun es auch. Bei unproduktivem Zweifel drehen wir uns im Kreis, schwanken hin und her, weichen aus und fühlen uns unfähig und müde. Nur der grübelnde Geist bewegt sich – und kommt zu keinem Schluss.

Es klingt banal: Wir können unproduktiven Zweifel nur auflösen, wenn wir ihn auch wirklich unproduktiv finden.

Am Ball bleiben

Es gibt einen einfachen Rat für den Umgang mit Selbstzweifeln beim Meditieren. Wenn wir glauben, wir könnten nicht gut meditieren, dann heilt uns nur eines: fortgesetzte Hinwendung zum Meditationsobjekt. Wer auch nur für Sekunden mit der Aufmerksamkeit beim Atem bleiben kann, fühlt sich wohler und schon ein bisschen kompetenter. Das gilt auch im Alltag: Das einfachste und wirksamste Heilmittel gegen Selbstzweifel aller Art ist: ausprobieren, anpacken, am Ball bleiben. Wenn wir nur drei Monate mit dem neuen Textprogramm arbeiten, fühlen wir uns sicherer. Wer im zweiten Sommer Kräuter auf dem Balkon zieht, kennt schon viel mehr Tricks als im Jahr zuvor. Schon nach drei Meditationskursen kann man dem Neuling, der gerade mit der Meditation anfängt, ein paar wertvolle Tipps geben. »Kunst kommt von können«, sagt der Volksmund. Und »können kommt von tun« – nicht vom Nachdenken alleine.

Durch bloßes Nachdenken finden wir nie heraus, welche neuen Erfahrungen zu uns passen und unser Leben öffnen und bereichern. Um Selbstzweifel zu überwinden, müssen wir unsere Schwächen eingestehen, uns zutrauen zu lernen und bereit sein zu handeln.

Übung: Meine Lieblingssorgen

Wir gehen die letzten Wochen und Monate durch und schauen, worüber wir uns Sorgen gemacht haben. Welche Themen stehen im Vordergrund? Was sind unsere Lieblingssorgen? Mögliche Konflikte mit unseren Mitmenschen, Angst vor Krankheit, Arbeitsüberlastung, Geldmangel – was noch?

Wir schauen uns die letzten Jahre an und prüfen, welche dieser Befürchtungen eingetroffen sind. Wie oft machen wir uns gezielt über Probleme Sorgen, die wir derzeit gar nicht haben?

Neigen wir dazu, Probleme weit in die Zukunft hochzurechnen?
Im Freiraum der Übung experimentieren wir mit neuen Haltungen. Wir registrieren unsere Lieblingssorgen freundlich und legen sie beiseite. Dabei können uns folgende Gedanken helfen: »Dieses Problem habe ich derzeit nicht. Auch dieses Problem wird einmal aufhören.«
Dann denken wir gezielt an angenehme Erfahrungen aus den letzten Tagen und lassen sie einige Minuten auf uns wirken. Wir richten die Aufmerksamkeit auf gute Bedingungen, die wir genießen dürfen, und freuen uns darüber.
Wenn wir merken, dass Ängste und Sorgen sehr viel mit unserer Einstellung und Stimmung zu tun haben, halten wir einen Schlüssel zu Freude und Frieden in den Händen.

Übung: Meine Lieblingszweifel

Wir denken an die letzte schwierige Entscheidung, die wir treffen mussten. Wann war das? Worum ging es? Wie lange haben wir gebraucht, um uns klar zu werden, was wir tun wollen? Welche Alternativen haben wir gesehen? Was hat zur Entscheidungsfindung beigetragen? Welche Entscheidungen stehen in der nächsten Zeit an? Was können wir aus guten früheren Erfahrungen für andere Situationen lernen?

Welche Zweifel begleiten uns schon viele Jahre? In welchen Bereichen fallen uns Entscheidungen schwer? Wo können wir uns leicht entscheiden?

Welche existenziellen Zweifel kennen wir? Welche Zweifel haben uns zu wichtigen Entscheidungen gedrängt?

Zum Abschluss denken wir an eine gute Entscheidung, die wir getroffen haben, und freuen uns darüber.

Übung: Was ist mir wichtig im Leben? S. 80

Wenn wichtige Entscheidungen anstehen, können wir mithilfe dieser Übung immer wieder unsere Prioritäten klären.

Schuldgefühle

Es ist nicht einfach, Schuld- und Verantwortungsgefühle auseinanderzuhalten. Schuldgefühle tarnen sich gern als Verantwortung, weil ihnen das mehr Nachdruck und eine scheinbare Objektivität verleiht. Im Gegensatz zu echter Verantwortung, die wir freiwillig und aus unserer Stärke heraus annehmen, ist Schuld meist mit Minderwertigkeitsgefühlen verbunden. Wir finden uns nicht gut genug, entwickeln überzogene Selbstbilder und fordern Dinge von uns, die wir gar nicht leisten können. Bald bedrückt uns das schlechte Gewissen, den eigenen Ansprüchen nicht genügen zu können, und wir fühlen uns durch die tatsächlichen oder vermeintlichen Wünsche der anderen unter Druck gesetzt. Die Menschen in unserer unmittelbaren Umgebung haben meist einen »Riecher« für unsere Schuldgefühle und unser schlechtes Gewissen und profitieren bewusst oder gar absichtlich von unserer Unfähigkeit, Nein sagen zu können. Um uns und ihnen zu genügen, strengen wir uns noch mehr an. Weil der Druck inzwischen viel zu groß ist, schaffen wir immer weniger. Wir fühlen uns schlecht, strengen uns erneut an oder versinken taten- und mutlos in weiteren Schuldgefühlen – ein echter Teufelskreis.

Schuldgefühle erwachsen aus Minderwertigkeitsgefühlen, überzogenen Selbstbildern und unrealistischen Erwartungen an uns selbst. Wichtig ist die Erkenntnis: Wir können unser Verhalten nicht lückenlos kontrollieren und jede Situation in den Griff bekommen. Oft gehen wir mit uns selbst auf eine autoritäre Weise um, die wir niemandem sonst zumuten würden. Wie jeder Mensch brauchen auch wir selbst Freiräume, wo es weder Kontrolle noch ständige Ansprüche und Vorwürfe gibt. Wir wollen unsere Stärken ganz natürlich entfalten und nicht permanent getrieben werden. Manche Stärken wollen wir vielleicht auch gar nicht entfalten. Hier und da tut es uns besser, eine Schwäche ganz bewusst freundschaftlich zu umarmen und unseren Frieden damit zu schließen.

Wenn wir anfangen, Schuldgefühle und überzogene Erwartungen an uns als Gedankenmuster zu erkennen, können wir sanft, aber stetig gegensteuern. Wir identifizieren uns deshalb so fest mit negativen Selbstbildern und unrealistischen Ansprüchen, weil wir sie in der Regel ständig unbewusst wiederholen. Wenn das funktioniert, müsste eigentlich auch das Gegenteil funktionieren. Gedankenschleifen, die wir ständig wiederholen, könnte man auch als Mantras bezeichnen. Wörtlich übersetzt bedeutet der Sanskrit-Begriff Mantra Werkzeug *(tra)* für den Geist *(manas)*. Der tibetische Lama Thubten Yeshe erklärte die Wirksamkeit von Mantras meist mit dieser Analogie und meinte: »Das einzig Gute an negativen Gedankenschleifen ist, dass sie deutlich machen, wie Mantra-Praxis funktioniert.«

Bei der Mantra-Praxis wiederholen wir eine Silbenfolge mit positiver Bedeutung und »schützen« mit diesem Hilfsmittel unseren Geist vor unruhigen und negativen Gedanken. Mit der folgenden Übung können wir negativen Formeln auf die Spur kommen und sie langsam und beharrlich durch positive Sätze ersetzen. Wir fangen an, bewusst inspirierende Sätze über uns und andere zu denken. Buddhistische Mantras werden meist auf Sanskrit, der heiligen Sprache Indiens, rezitiert, da sie als »Sprache der Götter« gilt. Das Christentum kennt Stoßgebete und der Islam die »hundert Namen« Allahs. Wir können inspirierende Sätze auch auf Deutsch rezitieren. Beliebt und wegen ihrer heilsamen Auswirkung sehr geschätzt werden drei Mantras, die Lama Thubten Yeshe seinen angespannten und leistungsorientierten westlichen Schülern vorschlug. Sie können versuchsweise einen dieser kurzen Sätze einmal fünf Minuten vor sich hinsprechen und schauen, wie das auf Sie wirkt: »Entspann dich. Lass los. Gut genug.« Dass das seine Zeit braucht, leuchtet ein. Fünf oder zehn Minuten Mantra-Praxis müssen es schließlich aufnehmen mit fünfundzwanzig oder fünfzig Jahren Dauerberieselung mit überzogenen Erwartungen und unrealistischen Selbstbildern. Aber es funktioniert.

Entspann dich. Lass los. Gut genug.

Übung: Meine Lieblingsvorwürfe an mich selbst

Wir nehmen uns eine halbe Stunde Zeit und schreiben unsere zehn Lieblingsvorwürfe der letzten drei, vier Wochen oder Monate auf. Uns werden Lichter aufgehen, wenn wir auch die zehn wichtigsten Vorwürfe notieren, die wir uns als Kinder häufig anhören mussten. Dann fragen wir uns: Welche dieser Vorwürfe »rezitiere« ich heute noch? Welcher inneren Stimme folge ich unbesehen?

Im zweiten Schritt notieren wir uns zehn Leitsätze, die unsere Stärken betonen und uns aufmuntern. Wir können sie auf Kärtchen schreiben und im Flur oder im Badezimmer aufhängen. Statt uns unbewusst innerlich Vorwürfe zu machen, wiederholen wir bewusst inspirierende Sätze über uns, und wenn das klappt, auch über andere.

Verantwortung

Verantwortung für unser Verhalten zu übernehmen muss nichts mit Schuldgefühlen zu tun haben. Um Verantwortung so übernehmen zu können, dass wir selbst und andere davon profitieren, brauchen wir eine gute Einschätzung unserer Stärken und Schwächen. Dann tun wir in jeder Situation unser Bestes und sind darauf gefasst, dass die Dinge auch manchmal schieflaufen. Weil wir genau hinschauen, sehen wir unsere Schwächen und die der anderen und wissen, dass wir die komplexen Situationen unseres Lebens nie vollständig mit all ihren Faktoren überschauen können. Mit dieser Einsicht bleiben wir offen für neue Gesichtspunkte, die unsere Mitmenschen einbringen und die uns die Umstände lehren. Fehlschläge gehören einfach dazu, weil wir nicht alles im Griff haben. Auch diese Einstellung nehmen die Menschen in unserer Umgebung instinktiv wahr. Wenn wir nicht den Anschein der Vollkommenheit erwecken, nimmt uns niemand unsere Fehler wirklich übel. Kollegen und Nachbarinnen, Kinder und Eltern, Freundinnen und Freunde setzen uns weniger unter Druck, wenn sie unsere Klarheit spüren.

Übertriebene Erwartungen an uns selbst produzieren Schuldgefühle. Wie jeder Mensch brauchen wir Wohlwollen und Freiräume. Wenn wir unsere Stärken und Schwächen kennen, können wir Verantwortung so übernehmen, dass wir selbst und andere davon profitieren.

Übung: Welche Fähigkeiten an mir schätze ich?

Wir setzen uns in einer stillen Minute gemütlich in den Garten oder aufs Sofa und denken an unsere guten Eigenschaften. Wir können mit einfachen Fähigkeiten anfangen: Ich kann schreiben und rechnen, Fahrrad und Auto fahren, einen Computer bedienen, Unkraut jäten, Suppe kochen.

Dann denken wir an all unsere speziellen Fähigkeiten und persönlichen Stärken: Ich kann gut zuhören, Dinge gut erklären, eine Wanderung organisieren, aus Nichts ein gutes Essen improvisieren, Baumarkt-Regale zusammenbauen, Beiträge schreiben, Tiere zeichnen, einen Reifen wechseln und vieles mehr.

Im dritten Schritt können wir unsere sogenannten Schwächen betrachten und die darin verborgenen Stärken suchen; denn hinter jeder Schwäche steckt eine Stärke. Diese Methode funktioniert aber nur bei Menschen, die sich ihre Schwächen auch ehrlich anschauen. Sie soll nicht Überheblichkeit rechtfertigen, sondern negative Selbstbilder auflösen. Wer nicht gerne aufräumt, kann die Dinge lassen, wie sie sind. Wer viel erzählt, ist zumindest bereit, sich mitzuteilen. Eifersüchtige Menschen haben ein gutes Auge für Details …

Die Leiden des Lebens

Angst

Unter den Leiden des Lebens nimmt die Angst eine besondere Stellung ein. Von der Natur dazu gedacht, den Lebewesen als Schutzmechanismus und Frühwarnsystem zu dienen, kann Angst auch außer Kontrolle geraten und selbst zur Gefährdung und Qual werden. Bei Frauen in den westlichen Industrieländern sind Angsterkrankungen mittlerweile die am häufigsten diagnostizierte psychische Erkrankung, bei Männern steht diese Diagnose an zweiter Stelle. Phobische Zustände und Angstanfälle scheinen – ähnlich wie Depressionen und Suchterkrankungen – so etwas wie ein Massenphänomen zu werden und weisen damit auf grundlegende Probleme hin, die wir in unserer Gesellschaft haben. Der Missbrauch von Alkohol und anderen Drogen entsteht oft aus dem Versuch, Ängste zu lindern und innere Stimmungen, die schwierig oder gar unerträglich scheinen, mit Substanzen zu manipulieren. Depressionen sind nicht selten ein fehlgeleiteter Versuch der Psyche, einem Zuviel an Angst durch die völlige Stilllegung des Innenlebens zu entgehen.

Natürlich leiden Menschen, die einmal einen schlechten Tag haben, nicht im klinischen Sinne an Angst oder Depressionen, die einer therapeutischen und medizinischen Behandlung bedürfen. Dennoch kennen viele Situationen oder Zeiten, in denen sie das Gefühl haben, eine Sorge oder Angst wachse beinahe unkontrollierbar ins Uferlose an. Auch wenn eine klinische Depression etwas anderes ist als eine vorübergehende Missstimmung, kennen viele

Zeiten, in denen sie sich von der Hoffnungs- oder Bewegungslosigkeit im eigenen Inneren so gelähmt fühlen, dass nichts mehr zu gehen scheint.

Selbst in einem leidlich stabilen Leben gibt es zahllose Befürchtungen und Sorgen: Wir fürchten uns vor Erkältungen, grauen Haaren und Altersflecken auf den Händen. Uns liegt der Konflikt auf der Arbeit im Magen, den Heimweg im Dunkeln gehen wir ungern allein, der Gedanke an das nächste Familientreffen löst Bauchschmerzen aus. Morgens um fünf liegen wir wach im Bett und wälzen all die Probleme und Schwierigkeiten im Kopf hin und her, die am nächsten Tag auf uns zukommen könnten. Bald beginnen wir, uns vor sozialem Abstieg und einer möglichen Kündigung zu fürchten, vor Kursstürzen an der Börse und der Armut im Alter. Zeitungen und Fernseher tragen uns eine Flut von leidvollen Situationen und Problemen ins Haus, über die wir uns zusätzlich Sorgen machen können: Schadstoffe im Essen, kriegerische Auseinandersetzungen, Flugreisen, tödliche Krankheiten, unheilvolle gesellschaftliche Veränderungen. Und in manchen stillen Stunden erfasst uns ein tiefes Grauen, weil wir nicht wissen, was dieses Leben soll und warum wir leben. In kleinen und großen Lebenskrisen dämmert uns, dass das Leben lebensgefährlich ist und wir auf nichts und niemanden fest bauen können.

Menschen mit viel Angst und Sorgen neigen dazu, ihre Schwierigkeiten in die Zukunft hochzurechnen. Das verstärkt die Angst noch mehr. Der Ausweg liegt wieder darin zu spüren und zu merken:

Angst entsteht im Kopf. Denkmuster nähren unsere Angst.

US-Psychologen sprechen hier sehr anschaulich von »ANTs« – automatic negative thoughts, automatischen negativen Gedanken. Gleichzeitig bedeutet diese Abkürzung auch so viel wie »Ameisen, die überall auf und in uns krabbeln«. Es braucht viel Übung, Klarheit und Kraft, Angst als Gedankenkonstrukt zu erkennen. Meist nehmen wir das Bild der Welt, das die Angst erzeugt, für bare Münze, zumal Angst ja auch mit so überzeugenden körperlichen Reaktionen einhergeht. Sobald wir unsere Angst auch nur ansatzweise als Muster erkennen, das durch bestimmte, sich ständig wiederholende Gedanken am Leben gehalten wird, können wir nach Wegen aus der Angst suchen. Denn das Gegenteil der automatischen negativen Gedanken sind regelmäßige positive Gedanken. Die können wir üben:

Anstatt ängstlich auf unsere Ängste zu starren, anstatt darin zu schwelgen und Sorge auf Sorge zu häufen, können wir einen Schritt zurücktreten und anfangen, Fragen zu stellen: Wovor genau habe ich Angst? Wozu sind meine Ängste gut? Gibt es Ängste, die mich aufwecken und motivieren, mich besser um mich und meine Mitmenschen zu kümmern? Gibt es Ängste, die mich lähmen und am Leben hindern?

Und etwas grundsätzlicher gefragt: Warum überhaupt haben Menschen Angst vor Umständen, die doch zum Leben gehören? Sind wir unseren Ängsten ausgeliefert? Gehören sie zum Menschsein? Können wir mit ihnen leben lernen oder sie gar auflösen?

Übung: Wie fühlt sich Angst an?

Sind wir mit Meditationsübungen vertraut und erkennen wir hin und wieder Gedankenmuster, können wir uns in einer entspannten Stimmung einmal die Frage stellen: »Wie fühlt sich Angst an? Woher weiß ich denn, dass ich Angst habe? Wie merke ich das?« Manchmal schaffen wir das nicht und wischen diese Frage einfach verärgert beiseite und meinen: »Das weiß ich eben.« Manchmal können wir diese fragende Einstellung aber auch einige Minuten aufrechterhalten.

Dann werden wir merken, dass der Begriff »Angst« eine vage Bezeichnung für sehr viele einzelne Prozesse ist: körperliche Empfindungen wie Druck auf der Brust oder im Magen, Flattern und Pulsieren, unangenehmes Gefühl, dumpfe Stimmung, Gedankenschleifen wie: »Das ist furchtbar. Das schaffe ich nie. Wenn das bloß vorbei wäre. Wenn das bloß nie geschehen würde.« Immer wenn es uns gelingt, das kompakte Gefühl »Angst« in viele einzelne Prozesse aufzulösen, nimmt das Angstgefühl ab.

Angst und Abgetrenntheit

Das Wort Angst ist verwandt mit dem Wort Enge. Ein zentrale Bedingung für Angst ist das Gefühl der Abgetrenntheit, des engen Gefangenseins im eigenen Ich. Wir fühlen uns allein in einer viel zu großen Welt, ohne Kontakt zu den Ebenen der Weite und Liebe in uns selbst, ohne Kontakt zu anderen Menschen, zur Natur und einem uns bergenden Gesamtgefüge des Lebens. Wir spüren nur noch unser isoliertes und machtloses kleines Ich, fühlen uns mit nichts verbunden, nichts und niemandem zugehörig, weder einer Gruppe von Menschen noch einem geistigen Zusammenhang.

Das ist nicht allein ein individuelles Problem. Wenn wir unsere heutige Zeit betrachten, fällt uns schnell auf, wie sehr es vielen Menschen an sozialer Einbindung und Zugehörigkeit fehlt. Die meisten Menschen in den gegenwärtigen westlichen Gesellschaften sind nur noch wenig eingebettet in stabile soziale Gefüge wie Herkunftsfamilie, Dorf, Stadtteil oder Kirchengemeinde. Selbst die Berufswelt fällt als Orientierungsrahmen mehr und mehr weg. Arbeitslosigkeit nimmt zu oder droht beständig. Wir müssen so flexibel arbeiten, dass wir uns kaum mehr in einem Betrieb, einer Branche oder an einem Ort verwurzeln können. Lebenslanges Lernen bedeutet auch die lebenslange Bereitschaft, sich entwurzeln und selbst im fortgeschrittenen Alter wieder neu verpflanzen zu lassen – zumindest ist das die offizielle Ideologie auf dem Arbeitsmarkt.

Der gesellschaftliche Umbruch der Moderne – weg von der stabilen Einbindung, hin zu wechselnden sozialen Zusammenhängen – bedeutet sicherlich auch mehr Freiheit in der persönlichen Lebensgestaltung. Vor allem Frauen können leichter als je zuvor zwischen unterschiedlichen Lebensmodellen wählen. Mutterschaft, Beruf, Singledasein, Beziehungsleben: Alles das ist in den verschiedensten Kombinationen lebbar, je nach Bedürfnis und Lebensphase. Auf dieses Mehr an Freiheit wollen wir alle nicht mehr verzichten. Es ist aber nicht umsonst zu haben. Der Preis ist eine gewisse Unsicherheit, die wir mal mehr, mal weniger spüren. Einerseits fühlen wir uns weniger eingeschränkt durch soziale Rollen und Netze, gleichzeitig empfinden wir unser Dasein als weniger geborgen und verbunden. Alleinsein und Alleinleben mag unseren Freiheitsdrang befriedigen, als soziale Wesen leiden wir jedoch unter Einsamkeit, wenn wir lediglich kurzfristige und unverbindliche Beziehungen kennen. Kein noch so interessantes äußeres und inneres Leben kann tragfähige soziale Netze ersetzen. Wir brauchen Menschen, mit denen wir uns regelmäßig und verbindlich treffen, die uns persönlich kennen, mit denen wir gemeinsame Werte teilen, mit denen wir Feste feiern und etwas unternehmen. Keine kluge Philosophie der Einsamkeit kann das soziale Bedürfnis der Menschen wegdiskutieren. Auch gute Psychotherapie und eine stabile Meditationspraxis sind kein Ersatz für ein lebendiges und kontinuierliches Miteinander.

Konkrete Furcht und existenzielle Angst

Grundanliegen dieses Buches ist es, Wege zur inneren und äußeren Verbundenheit aufzuzeigen. Es gibt eine breite Palette von Überlegungen und praktischen Übungen zum klugen Umgang mit Ängsten und Befürchtungen. Die schlichte und gleichzeitig sehr tiefgründige These des Buddhismus lautet: »Wer sich mit anderen verbunden fühlt, hat weniger Angst.« Es gibt einige Methoden, die recht unmittelbar das Gefühl der Verbundenheit fördern, und andere, die eher an unseren unrealistischen Erwartungen ansetzen.

Zwar taucht der Begriff Angst in den buddhistischen Schriften nur selten auf, doch finden wir viele nützliche Hinweise unter den Stichworten Sorgen und Erwartungen, falsche Vorstellungen und Enttäuschungen, Vertrauen und Zuflucht. Sie helfen uns, die Ängste aufzulösen, die entstehen, wenn wir unrealistische Erwartungen an uns selbst, unsere Mitmenschen und das Leben stellen.

Die begriffliche Unterscheidung zwischen unterschiedlichen Aspekten von Angst und Furcht ist bereits ein erster Schritt zur Auflösung der großen Mauer Angst. Hilfreich ist zum Beispiel die Unterscheidung zwischen konkreten Befürchtungen vor unangenehmen Erfahrungen und der existenziellen Angst vor dem Unfassbaren. Wir können viele konkrete Befürchtungen und Ängste auflösen und einen Großteil unserer täglichen Probleme abbauen, wenn wir uns den Befürchtungen stellen und unsere Vorstellungen und Erwartungen in aller Ruhe überprüfen. Dazu geben gedankliche Meditationen oder geführte Übungen ganz konkrete Anregungen. Solche praktischen Übungen teilen unsere Ängste in kleine Portionen auf, die sich viel leichter handhaben lassen (siehe die Übungen in diesem Kapitel).

Genau betrachtet, steckt jedoch hinter jeder konkreten Furcht auch wieder existenzielle Angst: die Angst vor dem Tod, vor dem Verlust unseres Körpers, der uns einen festen Ort in Zeit und Raum schenkt. Diese existenzielle Angst vor Vernichtung und Tod lässt sich dem Buddhismus zufolge nur auflösen, wenn wir die tiefe Sicherheit und Geborgenheit entdecken, die uns das Ruhen in der Natur des Geistes schenkt, welche wir mit allen Lebewesen teilen. Das Ruhen in der Natur des Geistes löst alle Gefühle von Abgetrenntheit und Einsamkeit auf, weil wir uns verbunden fühlen mit allem, was lebt, und allem, was ist. Das Kapitel »Annäherungen an die Natur des Geistes« wird sich ausführlich mit diesem Thema befassen.

In einem klugen Buch über das »Alleinsein mit anderen« untersucht der englische Buddhismus-Kenner Stephen Batchelor Berührungspunkte zwischen dem Buddhismus und der Existenzialphilosophie von Martin Heidegger. Wenn er buddhistische Grundgedanken in Heidegger'scher Sprache formuliert, wirken die Aussagen des Buddha über Angst sehr zeitgemäß. Batchelor unterscheidet zwischen zwei Ebenen von Angst: Die allgemeine Angst treibt die Menschen dazu, sich in der Außenwelt, in der Welt der Dinge zu verlieren. Wenn wir erkennen, dass Erfolg und Besitz, Zuwendung und angenehme Gefühle uns nicht die Sicherheit schenken, die wir suchen, wird die Angst existenziell. Erst wenn unsere Angst existenziell wird, sind wir dem Buddhismus zufolge bereit, uns ganz neu und radikal der Frage nach dem Sinn des Lebens zu stellen.

Existenzielle Angst ist also kein Grund zu verzweifeln, sondern im Gegenteil eine ganz wertvolle Voraussetzung dafür, uns und unser Leben besser kennenzulernen. Je mehr wir die Unbeständigkeit und Unfassbarkeit jeder Erfahrung innen und außen erkennen und annehmen können, desto weniger leiden wir unter dieser Unbeständigkeit und Nichtfestigkeit jeder Erfahrung innen und außen. Unbeständigkeit auszuhalten erfordert Selbstvertrauen und Sicherheit. Sie entstehen durch das Gefühl der Verbundenheit mit etwas Größerem und Umfassendem, dem wir uns zugehörig fühlen: Menschen und Gemeinschaften, mit denen wir Geborgenheit erleben; das Größere in unserem Inneren, unserer inneren Weisheit.

Erst wenn wir begreifen, dass die Jagd nach Sinnesfreuden und die Flucht vor emotionalem Leid nicht der ganze Sinn des Lebens sind, wachen wir ein wenig auf. Erst wenn wir mit all unserer Leidenschaft und Intelligenz, mit Herz und Verstand und allen Sinnen fragen, wozu wir leben, öffnen wir uns für die Antworten, die uns die Natur und das Auf und Ab unseres eigenen Lebens fortwährend gibt:

Alles ist unbeständig – und gerade deshalb unendlich wertvoll. Nichts ist immer gleich – und gerade deshalb ist es einzigartig. Nichts ist einfach so vorhanden, sondern alles begegnet uns als unfassbares Wunder, wenn wir unser Herz öffnen.

Die Vier Edlen Wahrheiten

In seiner ersten Lehrrede fasste der Buddha sein Erleuchtungserlebnis in den *Vier Edlen Wahrheiten* zusammen. Genau genommen sind nicht die Vier Wahrheiten edel, sondern die Menschen, die sie als wahr erkennen. Der Buddha beschreibt also vier Tatsachen, die wahr sind für edle Menschen:

Es gibt Leiden.
Leiden hat Ursachen.
Leiden kann aufhören.
Es gibt einen Weg aus dem Leiden heraus.

Die wichtigste Ursache für unser Leiden an Grundgegebenheiten des Lebens wie Alter, Krankheit und Sterben ist für den Buddha nicht die Tatsache, dass wir altern, krank werden und sterben müssen. Leidvoll ist die falsche Vorstellung, es gäbe ein Leben ohne Altern und Sterblichkeit. Solange wir normales menschliches Leiden als Störung oder Unfall interpretieren und meinen, es sollte eigentlich nicht vorkommen, finden wir keinen Weg aus dem Leiden.

Anstatt uns direkt mit Tod und Vergänglichkeit auseinanderzusetzen, jagen wir nach angenehmen Gefühlen, fliehen vor unangenehmen Gefühlen und sehen darin den Sinn oder zumindest die Hauptbeschäftigung unseres Lebens. Je mehr wir selbstverständliche und unvermeidbare menschliche Leiden als Bestandteil unseres Lebens annehmen können, desto weniger leiden wir – das drückt die Dritte Edle Wahrheit aus.

Davon auszugehen, dass wir vor Zahnschmerzen oder Migräne nicht gefeit sind, bereitet uns auf schmerzhafte Erfahrungen vor. Wenn wir Krebs als eine Krankheit begreifen, die nicht nur unbekannte andere, sondern unsere Liebsten und sogar uns selbst treffen kann, erwerben wir einen Teil der Kraft, die notwendig ist, um mit einer schweren Erkrankung zu leben. Wenn wir begreifen, dass wir von Erfolg nur reden können, weil es auch Misserfolg gibt, dann wappnen wir uns innerlich für erfolglose Zeiten. Angst vor Nähe entsteht oft aus der Angst vor dem Verlassenwerden. Auch eine ganz tiefe Zuneigung kann sich in freundliche Distanz verwandeln, wenn sich einige der unendlich vielen Bedingungen verändern, die unser Leben beeinflussen. Wer das versteht, hat weniger Angst vor Beziehungen und vor einer Trennung. Schließlich steht am Ende jeder Beziehung unweigerlich eine Trennung, spätestens mit dem Tod. Wenn uns dies zu einer nüchternen Erkenntnis wird, können wir jeden Moment des Zusammenseins und der Liebe zutiefst schätzen – denn wir wissen, dass er nie wiederkehren wird.

Leiden als Grundtatsache des Lebens

Alle Lehren und Übungen des Buddha wollen uns immer wieder dazu ermuntern, aus unserer Opferhaltung herauszutreten. Erst dann können wir das Veränderbare verändern und geschickt mit dem Unvermeidbaren umgehen. Je mehr Selbstvertrauen wir haben und je besser wir unsere Stärken und Schwächen einschätzen können, desto mehr Spielräume eröffnen sich.

Solange wir wahrnehmen können, begleiten uns Leiden wie ein Schatten. Leiden gehören zum Leben. Sie sind normal. Leugnen macht alles nur noch schlimmer. Jedes Problem wird, wenn wir es ignorieren und unter den Teppich kehren, nur immer größer werden. So ist es auch mit den Leiden, die zum Leben gehören. Der Traum von einem Leben ohne Leiden ist eine der größten Illusionen der Menschen. Je weniger wir unsere körperlichen, seelischen und geistigen Schmerzen ausblenden, leugnen, wegrationalisieren oder mit Sinneseindrücken zudecken, je deutlicher wir sie spüren, desto geschickter können wir damit umgehen lernen. Nur wenn wir Schmerzen und Sorgen, Ängste und Einsamkeit zur Kenntnis nehmen und sie gut kennenlernen, können wir damit arbeiten.

Acht Arten von Leiden spüren und annehmen

Der Buddhismus benennt acht Arten von Leiden, die es unweigerlich in jedem menschlichen Leben gibt: Das sind zunächst Geburt, Alter, Krankheit und Sterben. Dass auch Geborenwerden und Gebären nicht nur Glück bedeuten, sondern immer auch ein gewisses Trauma beinhalten, wissen alle Kulturen. Die weiteren Leiden sind: verlieren, was man liebt; nicht bekommen und erleben, was man möchte; bekommen und erleben, was man nicht möchte. Und schließlich bleibt – selbst, wenn alles gerade unseren Wünschen entsprechend läuft – die Angst vor möglichem zukünftigem Leiden. Das ist die achte Art des Leidens, die der Buddha beschreibt: Solange wir leben, sind wir nie sicher vor Leid.

Geburt, Alter, Krankheit und Sterben sind Leiden.
Verlieren, was man liebt, ist Leiden.
Nicht bekommen und erleben, was man möchte, ist Leiden.
Bekommen und erleben, was man nicht möchte, ist Leiden.
Solange wir leben, sind wir nie sicher vor Leid.

In den Begriffen der Vier Edlen Wahrheiten formuliert, empfiehlt der Buddha, das Leiden in all seinen Facetten wahrzunehmen. Wir beobachten es genau und erkennen seine Ursachen: Wir halten an falschen Vorstellungen über uns und die Welt fest. Immer wenn wir solche falschen Vorstellungen bemerken, lassen wir sie los, und sei es nur für Sekunden. Dann erleben wir für Momente das Glück der Befreiung von Leiden. Und geduldig und beharrlich und voller Vertrauen gehen wir den Weg, der aus der Angst zum Vertrauen, aus dem Leiden zum inneren Frieden führt. Wenn uns das nur hin und wieder auch nur ansatzweise gelingt, lösen Ängste sich auf und unser Leben wird leichter.

Übung: Vor welchem Leiden fürchte ich mich am meisten?

Wir nehmen unser Tagebuch zur Hand und gehen unser Leben rückwärts durch, in Abschnitten zu jeweils fünf, sechs Jahren. Wir fragen uns bei jeder Phase: Wovor habe ich mich in diesen fünf Jahren am meisten gefürchtet? Worüber habe ich mir die meisten Sorgen gemacht? Was stand im Zentrum meiner Sorgen? Das Älterwerden, Krankheiten, drohender beruflicher Abstieg? Das Ende einer Beziehung, der Anfang einer neuen Beziehung? Streit mit Arbeitskollegen, Eifersucht, Geldmangel?

Im zweiten Schritt fragen wir uns dann: Was hat mir damals geholfen, die Angst zu überwinden? Wer oder was hilft mir heute, Ängste abzubauen und aufzulösen?

Wir können uns im dritten Schritt an der Liste des Buddha orientieren und uns fragen: Wovor habe ich die größte Angst? Worüber mache ich mir häufig Sorgen?
    Geburt, Alter, Krankheit und Sterben sind Leiden.
    Verlieren, was man liebt, ist Leiden.
    Nicht bekommen und erleben, was man möchte, ist Leiden.
    Bekommen und erleben, was man nicht möchte, ist Leiden.
    Solange wir leben, sind wir nie sicher vor Leid.
    Zum Abschluss fragen wir uns: Wer oder was hilft mir, Ängste zu ertragen, anzuschauen, abzubauen und aufzulösen?

Sechs Arten von Leiden spüren und annehmen

Eine andere Auffächerung aus dem Buddhismus nennt sechs Arten von Leiden, die alle Lebewesen durchmachen müssen. Es widerstrebt Ihnen vielleicht, sich mit der folgenden Liste von Grundleiden zu befassen, doch Sie werden sehen, dass ein mutiger Blick auf die Realitäten unser Leben nicht schwerer, sondern leichter macht.

Die erste schwierige Erfahrung:
Es gibt keine echte Sicherheit im Leben.

Auch wenn wir uns gegen Feuer- und Wasserschäden, gegen Einbruch, eine Scheidung und Kursverluste an der Börse versichern können, fühlen wir uns nicht wirklich sicher. Echte Sicherheit entsteht nicht durch äußere Umstände. Wer mit wachen Augen durchs Leben geht, versteht schnell, dass man die äußere Welt nur sehr bedingt manipulieren kann. Auch wenn wir noch so vorsichtig Auto fahren, können wir in einen Unfall verwickelt werden. Gesunde Ernährung schützt nicht in jedem Fall vor Zivilisationskrankheiten. Trotz guter Ausbildung können wir den Arbeitsplatz verlieren, und auch eine große Liebe kann sich in Gleichgültigkeit verwandeln. Wir können einiges für gute Lebensbedingungen tun, aber Unfälle und Krankheiten, persönliche Schicksalsschläge und soziale Veränderungen, Kriege und Umweltkatastrophen weisen uns immer wieder darauf hin, dass es keine wirkliche Sicherheit im Leben gibt. Wir fühlen uns vielleicht sicherer, wenn jeder U-Bahnhof bewacht wird und wir nach der Kündigung mit einer ordentlichen Arbeitslosenunterstützung rechnen können. Dennoch hängt unser Lebensgefühl weit mehr von einer optimistischen, entspannten Grundeinstellung als von äußeren Bedingungen ab. Die wichtigste Aufgabe also besteht darin, eine konstruktive innere Haltung in uns und anderen zu fördern. Einige Eigenschaften gibt es, die uns sehr dabei helfen können. Der US-amerikanische Psychologe Daniel Goleman fasst sie sehr prägnant unter dem Begriff »emotionale Intelligenz« zusammen und beschreibt sie sehr anschaulich in seinem gleichnamigen Buch zu diesem Thema:

Frustrationstoleranz gehört zu den Grundfähigkeiten einer psychologisch gesunden Persönlichkeit. Wichtig ist auch der Mut, mehrere Anläufe zu nehmen, wenn etwas schiefgeht. Eine gesunde Portion Realitätssinn hilft zu merken, welcher Weg oder welches Vorgehen für uns geeignet oder nicht geeignet ist. Frustrationstoleranz, Mut und Realitätssinn entwickeln wir im kontinuierlichen

Kontakt mit Menschen, denen wir vertrauen. Eine verlässliche soziale Einbindung lässt uns genügend Selbstvertrauen entfalten, um in einer Welt des Wandels zu bestehen.

Es gibt keine hundertprozentige Gewissheit im Leben. Eine optimistische Grundeinstellung und eine konstruktive innere Haltung bestimmen unser Lebensgefühl weit mehr als äußere Sicherheiten.

Übung: Sicherheit im Leben

Wir fragen uns: Worauf kann ich mich im Leben verlassen? Auf wen kann ich bauen? Welche Sicherheiten sind mir wichtig? Was wünsche ich mir? Was fehlt mir? Was im Außen stärkt mein Sicherheitsgefühl? Zu welchen Gruppen fühle ich mich zugehörig? Auf welche Menschen kann ich mich verlassen? Welche Einstellungen helfen mir, mich sicherer zu fühlen? Welche Vorstellungen unterstützen ein Gefühl der Geborgenheit? Was kann ich von meiner Seite her tun oder lassen, um mich sicherer zu fühlen?

Die zweite schwierige Erfahrung:
Nichts stellt uns wirklich zufrieden.

Es scheint paradox – erst wenn unsere Grundbedürfnisse befriedigt sind, merken wir: Der Mensch lebt nicht vom Brot allein. Erst wenn wir ein Dach über dem Kopf, genug zu essen, eine Arbeit und Zugang zu medizinischer Grundversorgung haben, merken wir, dass immer mehr materielle Güter uns nicht wirklich glücklich machen. Bei dieser Erkenntnis kann uns ein leises Entsetzen packen. All unsere Träume sind erfüllt, doch wir sind immer noch nicht zufrieden. Wie finden wir heraus, was uns zum Frieden führt? Ein gutes Hilfsmittel ist es, einmal alles wegzustreichen, was uns keinen echten Frieden schenkt. Wir schauen uns genau an, wofür wir arbeiten und wofür wir uns einsetzen, und fragen schlicht: Macht mich das glücklich? Lebe ich dafür?

In jungen Jahren und wenn alles glatt läuft, stellen wir uns diese Frage selten. Und wenn wir sie uns stellen, fällt uns sofort eine gute Antwort ein: »Studium, Ausbildung, Karriere, Arbeiten, die neue Beziehung, Reisen, berühmt werden, Kinder, ein Haus.« Mit Ende zwanzig oder Anfang vierzig wird unser Blick kritischer. Stirbt eine junge Arbeitskollegin oder wird ein Freund schwer krank, stehen wir vor dem Ende der ersten großen Liebe oder verwandelt sich die traumhafte neue Arbeitsstelle in einen gewöhnlichen Job mit viel Routine, dann werden wir von ganz allein nachdenklicher. Hin und wieder fragen wir uns jetzt: »Warum stehe ich eigentlich morgens noch auf? Wofür?« Wenn uns keine gute Antwort mehr einfällt, sinkt unser Stimmungsbarometer. Je nach psychischer Verfassung und allgemeiner Situation kann sich das zu einer handfesten Lebenskrise auswachsen. Manchmal merken wir dann: »Nichts macht mich wirklich zufrieden in dieser Welt. Was nun?«

Wenn wir jetzt unser Leben aus allgemeiner Unzufriedenheit für sinnlos erklären, geraten wir immer tiefer in die Krise. Wir versuchen nicht, aus diesem Leben das Beste zu machen, sondern sehnen uns nach einer heilen Welt ohne Krisen und Zweifel, halten an religiösen Dogmen fest und flüchten uns in den Frieden der Meditation. Die Einsicht, dass uns nichts wirklich zufriedenstellt in dieser Welt, kann jedoch auch der Ausgangspunkt für eine echte Suche nach Sinn werden.

Alle Religionen und klassischen Philosophien sind sich einig: Als Menschen brauchen wir das Gefühl, dass unser Leben einen Sinn hat. Die Befriedigung körperlicher Bedürfnisse allein reicht zur Sinnstiftung nicht aus, sonst wären die Menschen in den materiell reichen Gesellschaften immer nur glücklich. Wir brauchen etwas, das über diesen Körper, über uns selbst hinausreicht. Es ist für uns wichtig zu fragen: Was gibt meinem Leben Sinn? Was trägt mich, wenn ich in Schwierigkeiten stecke? Was trägt mich *nicht*, wenn der Boden unter meinen Füßen nachgibt? Wenn wir genauer verstehen, was alles *nicht* trägt, finden wir auch leichter heraus, was uns wirklich am Herzen liegt und gewinnen dafür Zeit und Raum.

Lebenssinn, Herzenswunsch, Herzensanliegen, unbedingtes Anliegen und roter Faden – diese Begriffe deuten auf das hin, was uns Sinn schenkt und leichter leben hilft. Ein eindrückliches Bild ist der »rote Faden«, der uns im Leben leitet. Der protestantische Theologe Paul Tillich spricht als gläubiger Christ von der Notwendigkeit des Glaubens und definiert ihn als das »Ergriffensein von dem, was einen unbedingt angeht.« Auch wenn wir nicht an Gott glauben, kann uns das Bild vom »unbedingten Anliegen« tief berühren. In Tillichs Worten werden wir im Glauben, dieser »Leidenschaft für das Unendliche«, des Unendlichen gewahr. Wir können diesen Glauben aber nur finden und leben in der Gemeinschaft mit anderen, mit denen wir Sprache, Mythen und Symbole teilen. Auch der Begründer der Logopädie, der Psychologe Viktor Frankl, betont in seinen Büchern immer wieder: Menschen brauchen einen Sinn im Leben. Einen Sinn spüren hilft uns, Leiden zu ertragen, ohne daran zu verzweifeln. Dieser Sinn kann in einem Gesangverein ebenso zu finden sein wie im Kleingarten, in der Familie ebenso wie in einem spirituellen Weg. Zwei Bedingungen gehören jedoch für Tillich und Frankl immer dazu: eine *Praxis* – etwas, das man tut – und *Menschen*, mit denen wir es teilen können.

Wenn wir den roten Faden erkennen, der sich durch das Webwerk unseres Lebens zieht, fühlen wir uns mit uns und der Welt im Reinen. Den roten Faden erkennen heißt den Sinn unseres Lebens spüren. Auch zu verstehen ist wichtig: Wenn wir verstehen, wohin unser vielleicht krummer Weg uns geführt hat und weiterhin führt, löst sich das Gefühl auf, im Leben versagt zu haben. Dann ergeben unsere scheinbar widersprüchlichen Interessen plötzlich ein sinnvolles Bild. Dann haben wir das Gefühl, einen Kanal für unsere spezifische Lebensenergie gefunden zu haben, und es entstehen wie von selbst der Mut und das Geschick, das Beste aus unserem Leben zu machen. Das geht leichter, wenn wir vor unserem Leiden nicht weglaufen. Wenn wir unserer Unzufriedenheit nachgehen und ihr beharrlich auf der Spur bleiben, entdecken wir das Geheimnis des Glücks. Wir sehen mit eigenen Augen, dass unsere Sorgen und Ängste und die dumpfe Unzufriedenheit mit unserem gut eingerichteten Leben ein Spiegel unserer Innenwelt sind. Dann begreifen wir immer tiefer, dass die äußeren Umstände uns deshalb nicht wirklich zufriedenstellen können, weil sie lediglich gute oder schlechte Aufhänger für unsere Stimmungen sind. Das motiviert uns dazu, uns genauer kennenzulernen und »die Samen des Glücks in uns selbst zu wässern«, wie der vietnamesische Zen-Lehrer Thich Nhat Hanh es nennt. Jedes Mal, wenn wir auch nur ein wenig aus unserer Opferhaltung heraustreten, und sei es für fünf Minuten, verringert sich unsere Angst vor der Welt. Und je weniger Angst wir vor der Welt haben, umso mehr positiven Einfluss können wir auf unsere unmittelbare Umwelt nehmen.

Es gibt ein unbedingtes Anliegen, das sich wie ein roter Faden durch unser Leben zieht. Wir erkennen es in dem, was uns froh und unfroh macht. Wenn wir unserer Freude und unserer Unzufriedenheit beharrlich auf der Spur bleiben, entdecken wir das Geheimnis des Glücks.

Übung: Von der Unzufriedenheit zum inneren Frieden

Wir fragen uns: Welche äußeren Bedingungen sind wichtig für meinen Seelenfrieden? Welche Bedingungen wünsche ich mir? Was fehlt mir zurzeit?
Dann erinnern wir eine kleine Situation der letzten Tage, wo wir uns wohl fühlten und sei es nur für Sekunden oder Minuten. Wir erinnern so viele Einzelheiten, wie wir brauchen, um das Lebensgefühl dieser Situation deutlich zu spüren.
Welche Bedingungen haben mitgespielt? War ich im Haus oder im Freien? Allein oder mit anderen zusammen? In Ruhe

oder in Bewegung? War es eine vertraute oder eine ungewöhnliche Situation? Welche der fünf Sinne waren besonders wichtig?

Was kann ich von meiner Seite her tun oder lassen, um solchen Momenten mehr Raum im Leben zu geben? Welche Menschen könnten mich dabei unterstützen?

**Die dritte schwierige Erfahrung:
Wir werden mit Sicherheit sterben und unseren Körper zurücklassen müssen.**

Auch wenn viele Menschen im Westen mit Wiedergeburt, Reinkarnation, Seelenwanderung und Paradiesvorstellungen nicht allzu viel anfangen können, haben viele doch auch das Gefühl, mit diesem Leben sei nicht alles zu Ende. Die meisten von uns glauben, dass es nach dem Tod weitergeht, wie auch immer. Einige halten sämtliche Vorstellungen über ein »Leben danach« für einen billigen Trost, oder sie schieben die ganze Thematik mit dem Argument beiseite, dass man sich über Dinge, die man nicht weiß, keine Gedanken zu machen brauche. In ihrer Zuspitzung lehnt diese Haltung die Frage nach dem Sinn des Lebens ab. Für Paul Tillich ist dies die einzige echt atheistische oder areligiöse Position zu Leben und Tod. Mit allen anderen Einstellungen glauben wir an etwas, das größer ist als wir, an allgemeine Lebensgesetze oder an Willkür.

Ganz gleich, wie wir persönlich über eine Weiterexistenz nach dem Tod denken mögen: Wir alle werden mit Sicherheit sterben, auch wenn wir den Zeitpunkt nicht kennen. Wir werden alles, was uns vertraut ist, zurücklassen müssen – Menschen, Orte, Dinge, die gesamte uns bekannte Welt. Dieses Wissen kann uns die Augen öffnen für den Wert unseres Lebens jetzt. Die Religionswissenschaften gehen davon aus, dass das Nachdenken über die eigene Sterblichkeit der Anfang jeder Religion sei. Auf uns bezogen bedeutet das: Wenn wir die Realität des Todes wirklich begreifen, können wir Zugang zu einer Dimension finden, die größer ist als unser individuelles Leben. Die Menschen haben dieser Dimension viele Namen gegeben: Transzendenz, das Unbedingte, Nirvana, das Ungeborene, das wahre Selbst, Leerheit oder Gott. Über unsere Sterblichkeit nachzudenken, scheint menschheitsgeschichtlich der wirkungsvollste Weg, diese Dimension zu ahnen, vielleicht sogar zu erleben.

Unsere existenziellen Ängste haben eine Wurzel, darin sind sich Psychologie, Buddhismus und andere Religionen einig: Hinter jeder Angst steht die Angst vor dem Tod. Über den sicheren Tod zu reflektieren öffnet uns für eine größere Dimension.

Übung: Leben und Tod gehören zusammen

Wir sprechen die folgenden Gedanken einige Male innerlich vor uns hin und schauen, was sie bewirken. Wir fragen uns: Glauben wir das? Wissen wir das? Können wir das für uns und unsere Lieben annehmen?
Der Tod ist uns sicher: Alle Menschen, die jetzt leben, werden irgendwann einmal sterben.
Der Zeitpunkt des Todes ist ungewiss: Wir wissen nicht, was zuerst kommt, der nächste Atemzug oder der Tod.
Wenn wir sterben, hilft uns nur eine vertrauensvolle, entspannte, offene Einstellung: Wir müssen alles Vertraute zurücklassen. Wir können nichts mitnehmen, weder unseren Besitz noch die Menschen, die wir lieben, noch unseren Körper.

Die vierte schwierige Erfahrung:
Wir werden immer wieder geboren.

In Asien spielt das Bild von dem sich drehenden Lebensrad eine wichtige Rolle. Das Lebensrad ist nicht verbunden mit positiven

Assoziationen eines überquellenden, freudigen Kreislaufs des Lebendigen, sondern im Gegenteil: Es ähnelt eher unserer Vorstellung einer Tretmühle, der man entkommen möchte. Westlichen Gesellschaften mit ihrer großen Betonung des individuellen Lebens und der aktuellen Lebensgenüsse ist das Grauen vor dem Weiterleben ein wenig fremd. Einer häufig zitierten Studie zufolge glauben vierzig Prozent der Menschen in Europa an Wiedergeburt, meist in Form der Seelenwanderung. Die Menschen im Abendland sehen in der Seelenwanderung jedoch keinen Fluch. Sie glauben vielmehr daran, weil es ihnen die Angst vor dem Tod nimmt. Sie hoffen darauf, dass ihre Kernsubstanz, ihre Seele, ihre Individualität weiterleben darf. Eine solche Unsterblichkeit tröstet über den Verlust der ganzen bekannten Welt hinweg, in der es uns ja materiell meist recht angenehm ergeht.

Dennoch: Ganz unbekannt ist uns das leichte Grauen vor der Routine und ewigen Wiederkehr nicht. Ein Hollywood-Film, der überaus populär geworden ist, hat sich auf komödiantische Weise dieses Themas angenommen: In »Groundhog Day« (»Und täglich grüßt das Murmeltier«) erlebt ein recht egozentrischer und arroganter Reporter immer wieder denselben Tag – einen scheußlichen Tag, wie er meint. Eine Zeitschleife kettet ihn an dem immer gleichen Tag in einem verschneiten Dorf fest. Immer wieder hört er die naiven Sprüche der hinterwäldlerischen Dorfbewohner, muss seine Arroganz der herzensguten Lebenshaltung der Arbeitskollegin aussetzen, die attraktiv ist, aber nichts von ihm wissen will. Jeden Tag dieselbe Reportage über ein albernes Murmeltier, dieselben Sprüche, dieselben Straßen, dieselben Gesichter und unbedeutenden Ereignisse, ohne Hoffnung auf ein Entrinnen. Nicht einmal die Selbsttötungsversuche des Reporters gelingen – am nächsten Morgen erwacht er wieder in demselben Tag. An einer Stelle des Films versucht er, zwei Männern an einem Kneipentresen von seinem Horror zu erzählen. Er erlebe immer wieder denselben Tag, klagt er. Ja, sagen die Männer mit ernstem Kopfnicken, diese Erfahrung kennen sie auch.

Wenn wir mit fünfundvierzig morgens vor dem Spiegel stehen und uns die Zähne putzen, kann uns der Gedanke durch den Kopf schießen: »Ich habe mir doch gerade erst die Zähne geputzt.« Dann merken wir: »Ach ja, das war gestern.« Ein kleines Grauen kann uns dann ergreifen, das Grauen vor der großen Langeweile des immer Gleichen. Woraus besteht unser Leben? Aufstehen, Zähne putzen, Kaffee trinken, frühstücken, arbeiten, Mittagessen, arbeiten, Zeitung lesen, ausgehen, lesen, Zähne putzen, ins Bett gehen, schlafen. Und das wiederholt sich mit kleinen Veränderungen sechzig, siebzig, achtzig Jahre lang. Wir können noch ein wenig meditieren und joggen, ein, zwei Mal im Jahr in Urlaub fahren oder eine interessante Fortbildung besuchen. Und das soll es gewesen sein? Und dann die Vorstellung, wiederkommen zu müssen, und alles geht von vorne los: Säugling, Kleinkind, laufen lernen, sprechen lernen, Kindergarten, Einschulung, Pubertät, erste Liebe, erwachsen werden. Wie lange haben wir in diesem Leben gebraucht, um herauszufinden, was wir wirklich wollen? Und wenn wir es endlich mehr oder weniger wissen und eine zufriedenstellende Lebensform gefunden haben, fängt alles wieder von vorne an? Nein, bitte nicht.

Der Reporter in dem Film »Groundhog Day« entrinnt dem Kreislauf der Wiederholung, als er lernt, sein Herz zweckfrei, ungetrübt durch taktische Überlegungen und ohne Doppelbödigkeit für die Menschen in seiner Umgebung zu öffnen. Buddhistisch gesprochen, entwickelt er echtes Mitgefühl und verwurzelt sich im gegenwärtigen Moment.

Wenn wir darüber nachdenken, was nach diesem Leben wohl kommen mag, lernen wir unsere Vorstellungen kennen. Wir sehen unsere Sehnsüchte und spüren unsere Ängste. Zu begreifen, dass wir nicht wissen, was nach dem Tod kommt, kann uns zutiefst erschüttern. Was ist der Sinn von Meditationen über den Tod? Sie lehren uns zu erkennen, was wichtig ist im Leben. Sie lehren uns Prioritäten zu sehen und zu setzen. In diesem Sinne lehren solche Meditationen uns zu leben.

Als ich 1989 morgens um vier am Sterbebett meines zweiundzwanzigjährigen Vetters saß, fragte er mich, was ich glaube, was nach dem Tod komme. Ich sagte ihm schlicht, ich wisse es nicht, glaube aber, dass es irgendwie weitergehe. Ich sagte ihm auch, dass ich glaube, dass seine Stimmung und seine Gedanken im Moment des Sterbens wichtig seien. Es war für ihn kein Problem, nicht genau zu wissen, was danach kommt. Er vertraute darauf, dass es irgendwie weitergeht, und starb ruhig und friedlich. Seine größte Sorge galt seiner Freundin und seiner Mutter. Er spürte sehr klar, dass sie mehr unter seinem Tod leiden würden als er.

Was nach dem Tod kommt wissen wir nicht. Meditationen über den Tod lehren uns, die Prioritäten unseres Lebens zu sehen und zu setzen.

Übung: Was kommt nach dem Tod?

Was haben wir als Kind über das Leben nach dem Tod geglaubt? Was als Jugendliche? Was als junge Erwachsene? Was glauben wir heute? Was glauben die Menschen, die uns nahestehen? Welche Vorstellungen finden wir absurd? Was macht uns Angst? Welche Vorstellungen machen uns Mut zum Leben? Welche Vorstellungen inspirieren uns dazu, dem mehr Raum zu geben, was uns wirklich wichtig ist?

**Die fünfte schwierige Erfahrung:
Unser Status verändert sich ständig,
das Leben geht auf und ab.**

Seit den sechziger Jahren schien es immer aufwärts zu gehen im reichen Westen. Wir richteten uns in der Vorstellung ein, unser Lebensstandard werde immer weiter steigen oder zumindest gleich bleiben. Die wirtschaftlichen Umbrüche der letzten Jahre haben längst Risse in diesem Bild auftauchen lassen; wir ahnen, dass es so einfach wohl nicht ist. Ende der neunziger Jahre erschien in der Wochenzeitung »Die Zeit« eine Artikelserie über Armut in der Welt. Einer der Autoren stellte in seinem Beitrag die These auf, der relative Wohlstand in den Ländern des Nordens in den letzten Jahrzehnten des Zwanzigsten Jahrhunderts sei kaum mehr als ein »Augenzwinkern in der Geschichte der Menschheit«.

Wer mit wachen Augen durch die Welt geht, sieht das ständige Auf und Ab sehr deutlich. Es gibt Arbeitslosigkeit und Armut, Karrieren scheitern in allen Bereichen von Wirtschaft und Kultur, Kirche und Politik. Wir träumen von einem stabilen Einkommen und einem verlässlichen sozialen Status, wissen aber in einem Winkel unseres Herzens ganz genau, wie brüchig unsere Sicherheiten sind. Diese tief sitzende Angst verdirbt uns die Freude an dem relativen Wohlstand unserer Zeit: Wer weiß was noch alles kommen wird? Menschen haben Angst vor schlechten Zeiten.

Wir können sehr viel leichter leben, wenn wir begreifen, dass das ständige Auf und Ab zum Leben gehört. Es ist kein Unfall, den man durch geschickte Manipulation ein für alle Mal verhindern kann. Misserfolg ist ganz einfach die andere Seite des Erfolges. Auf ein sicheres, erfolgreiches Leben zu hoffen, mag menschlich sein. Es ist jedoch klug, den Gedanken an ein mögliches Scheitern nicht zu einer irrationalen Angst zu degradieren, die dumpf in uns rumort und uns schlaflose Nächte bereitet. Stattdessen sollten wir das Scheitern ganz nüchtern als eine realistische Möglichkeit ansehen: Wer an der Börse spekulieren will, sollte begriffen haben, dass Gewinn und Verlust wie zwei Seiten einer Medaille zusammengehören. Mal sind wir es, die den Misserfolg erleben müssen; mal sind es die anderen. Wo immer jemand einen guten Arbeitsplatz bekommt, bekommt jemand anders ihn nicht. Wenn wir unseren Blick ein wenig erweitern und nicht nur an uns selbst, sondern auch an die Menschen in unserer Umgebung denken, relativiert sich unser Erfolgsdruck noch zusätzlich: Das Auf und Ab des Lebens ist eine gemeinsame Erfahrung. Wenn die Wippe mich nach oben hebt, senkt sie andere nach unten. Wenn wir beginnen, uns mit diesem Gesamtgeschehen zu identifizieren, löst sich die Fixierung auf ein hundertprozentig stabiles, individuelles Glück auf.

Wer das Auf und Ab des Lebens annimmt, kann Erfolg in aller Relativität und Unbeständigkeit genießen und mit sozialem und wirtschaftlichem Abstieg leben, ohne daran zu verzweifeln.

Übung: Auf und Ab

Wir lassen unser Leben vor unserem inneren Auge vorbeiziehen und zwar rückwärts vom heutigen Tag aus. Wir unterteilen es in Phasen von etwa fünf Jahren.
   Wir nehmen die Phasen zur Kenntnis, in denen es uns einigermaßen gut ging.
   Wir schauen auch die Phasen an, in denen wir uns sehr unwohl fühlten.
   Was sind unsere Kriterien für gute und schlechte Zeiten, für leichte und schwere Phasen? Beziehungen, Karriere, Besitz, Sinnesfreuden? Gesundheit, Zuwendung, Einsichten? Besondere Momente, Sternstunden? Das Lebensgefühl im Alltag?
   Wir können zum Abschluss ein Bild malen und das Auf und Ab darstellen, gegenständlich oder abstrakt, mit unterschiedlichen Farben.
   Zum Abschluss lassen wir das Bild einige Momente auf uns wirken.

Die sechste schwierige Erfahrung:
Wir sind allein.

Wir alle kennen diese Erfahrung: Wenn wir etwas ganz Wichtiges erlebt haben, finden wir häufig kaum Menschen, die das so richtig verstehen. Wir sitzen auf unserer Erfahrung und ernten nicht mehr als ein höfliches Zuhören. So ergeht es uns, wenn wir von unserer großen Liebe erzählen möchten oder von einer wunderbaren Meditation, wenn wir unsere Furcht vor einer Krankheit teilen möchten oder eine Trennung in ihren schmerzlichen Einzelheiten berichten. Alle Formen der Einsamkeit und der Angst gehen einher mit dem tiefen Gefühl: »Ich bin allein mit meinem Schmerz. Niemand versteht mich wirklich.«

Befreiend ist die Einsicht, dass es anderen Menschen ganz genauso ergeht. Alle wünschen sich, verstanden zu werden. Und alle öffnen ihr Herz, wenn ihnen ernsthaft zugehört wird. »Geteiltes Leid ist halbes Leid«, heißt es. Wenn wir begreifen, dass alle Menschen sich danach sehnen, tiefe Erfahrungen – schöne wie schmerzhafte – zu teilen, fühlen wir uns nicht mehr allein. Das ist das Geheimnis von Mitgefühl und Einfühlung: Sie kehren zu uns selbst zurück.

Der Buddhismus sagt: Wenn wir das Leid mit allen Wesen teilen, löst es sich vollständig auf. Es ist gewiss eine Lebensaufgabe, das Leid aller Menschen und gar aller Lebewesen teilen zu lernen. Doch die Wirkung dieses Prinzips können wir sehr konkret schon jetzt in unserem Leben beobachten. Selbsthilfegruppen etwa funktionieren grundsätzlich nach diesem Prinzip: Wir tun uns mit Menschen zusammen, die an ähnlichen Problemen leiden wie wir, und schon fühlen wir uns besser. Wir erleben hautnah, dass geteiltes Leid halbes Leid ist.

Paradoxerweise wird unser Leben leichter, wenn wir unser grundsätzliches Alleinsein in dieser Welt akzeptieren und die Vorstellung aufgeben, es müsse anders sein. Dass andere Menschen uns in allen Facetten unseres Erlebens verstehen, ist schlicht nicht möglich. Es ist nicht möglich, als erwachsener Mensch eine völlige Symbiose zu anderen einzugehen, auch wenn wir uns das mit kindlicher Naivität bisweilen wünschen mögen. Wir sind allein, Trennung und Distanz gehören zum Leben. Das zu erkennen nimmt sehr viel Druck von uns. Wir haben weniger Angst vor Nähe, wenn wir ein Stück Distanz zu ertragen bereit sind. Statt uns über das fehlende Verständnis in einer Freundschaft oder Beziehung zu ärgern, freuen wir uns über die Nähe, die möglich ist. Zeiten der Ferne und Distanz zu akzeptieren und in dieser Welt des Wandels ruhig davon auszugehen, dass Nähe und Verständnis schon wiederkommen werden, nimmt dem Alleinsein die Bedrohlichkeit.

Wer sich freut, fühlt sich verbunden. Deshalb ist Freude ein hochwirksames Mittel gegen die Angst vor dem Alleinsein (siehe Kapitel »Freude als Weg«). Wir können uns gezielt um Aktivitäten bemühen, die Freude und Verbundenheit mit uns selbst und mit anderen Menschen schaffen. Was macht uns spontan Freude? In den Himmel schauen, einen Spaziergang machen, ein Gedicht lesen, ein Lied singen, tanzen? Manchmal reicht ein Gang in den nächsten Park, wo im Winter wie im Sommer Menschen zu finden sind. Besuchen wir den Park regelmäßig, werden einige Menschen vielleicht zu Bekannten. Wir brauchen nicht einmal mit ihnen zu reden. Es genügt oft schon, einfach ein paar Minuten zusammen auf der Parkbank zu sitzen, das Wasser im Springbrunnen zu betrachten, den Kindern im Sandkasten zuzuschauen. Auch Musikhören, Tanzen und Singen wecken ganz schnell Freude und Verbundenheit. Vor allem Singen öffnet das Herz, und gemeinsam Singen verbindet. Manchmal reicht es, eine Kassette mit Mantras oder Liedern einzulegen, laut oder leise mitzusingen und sich ein bisschen zu bewegen. In unserem Körper steckt viel Freude, die befreit werden möchte. Wer singt und sich bewegt spürt bald, wie sich das Herz klärt und öffnet und das Leben leichter wird.

Wir sind allein. Das gilt für alle Menschen. Dennoch können wir viel Verbundenheit erleben. Freude schafft Verbundenheit.

Übung: Geteiltes Leid ist halbes Leid

Welche Ängste quälen mich besonders?
    Wer in meinem Umfeld kennt auch diese Ängste?
    Wir denken an Menschen, die wir kennen oder nicht kennen, die an ähnlichen Ängsten leiden.
    Wir wünschen uns: Mögen wir alle frei werden von diesen Ängsten.
    Mögen wir alle die Bedingungen suchen und finden und schaffen, die unser Selbstvertrauen wecken, fördern und stärken.

Positive Angst

Die einzige Art der Angst oder Furcht, die unsere geistige Entwicklung fördert, ist dem Buddhismus zufolge die Angst vor den negativen Folgen unseres Verhaltens. Aber Vorsicht: Diese Angst wirkt nur dann produktiv, wenn sie einhergeht mit dem Vertrauen, dass wir uns und unsere Fähigkeiten weiterentwickeln können. Sonst führen Angst und Furcht vor unseren Gedanken und Gefühlen, Stimmungen, Verhaltensmustern und Charakterschwächen bloß zu Selbstablehnung und Selbstmitleid. Dann fühlen wir uns als Opfer unserer eigenen negativen Muster und halten uns für einen hoffnungslosen Fall.

Wie kann die Angst vor falschem Verhalten unsere geistige Entwicklung fördern? Dazu müssen wir zunächst genau beobachten, was unser Denken, Reden und Tun in uns und in anderen bewirkt. Das Gefüge von Ursachen und Wirkungen, dem unser Leben unterliegt, wird im Buddhismus in den Lehren vom Karma betrachtet. Im Westen verbinden wir den Begriff Karma häufig mit unserem Konzept von Schuld und Strafe und mit der Vorstellung von Wiedergeburt. Man wird dem Karma-Gedanken jedoch viel eher gerecht, wenn man ihn mit dem Begriff Verantwortung in Verbindung bringt: Die Karma-Lehren fordern uns auf, Verantwortung für die Folgen unseres Handelns zu übernehmen. Verantwortung fängt damit an, dass wir auf die Motive, die Art und Weise und die Auswirkungen unseres Handelns achten.

Die Karma-Lehren definieren heilsames und unheilsames Verhalten vom Ergebnis her. Heilsam oder konstruktiv ist das Verhalten, das Wohlbefinden für möglichst viele Beteiligte nach sich zieht. Unheilsam oder destruktiv ist das Verhalten, wenn es Leiden nach sich zieht. Dass heilsame und unheilsame Wirkungen im Einzelfall nicht leicht zu unterscheiden oder vorauszusagen sind, ist die Tragik des menschlichen Lebens. Wenn es so einfach wäre, wären wir nicht so häufig bereit, uns mit unheilsamem Verhalten ins eigene Fleisch zu schneiden. Es braucht eine gewisse Weisheit, Lebenserfahrung und auch Disziplin, um tatsächlich verantwortlich zu denken und zu handeln.

Sehr viel Wert legt der Buddhismus auf die Einstellung, mit der wir handeln. Sie ist neben der aktuellen Verfassung und der Grundstimmung die treibende Kraft im Leben. Angenommen wir wollen unser sieben Jahre altes Auto verkaufen. Wenn wir viel Arbeit in den Wagen gesteckt haben, sehr an ihm hängen, gerade in finanziellen Nöten stecken, den Listenpreis nicht kennen und den Kaufinteressenten unsympathisch finden, werden wir uns wohl kaum auf einen Preis einigen. Haben wir keine Finanzsorgen, kennen wir den Listenpreis und wollen wir den Wagen an eine gute Freundin verkaufen, die nicht viel Geld hat, werden wir uns vermutlich schnell einig. Anders ausgedrückt: Wer eigennützig, ärgerlich oder schlecht informiert denkt, spricht und handelt, schafft mit hoher Wahrscheinlichkeit Leiden für sich und andere. Wer ohne starke Eigeninteressen, mit Zuneigung und klarem Verstand denkt, spricht und handelt, nützt damit nicht nur sich selbst, sondern vermutlich auch allen Beteiligten.

Dass auch Motive und Gemütszustände eher gemischt als rein sind, macht ethisches Verhalten so schwierig. Es reicht nicht aus, einem Kanon von Regeln zu folgen, wenn wir Ursachen für Glück schaffen wollen. Es braucht immer wieder eine genaue Innenschau, um uns und unsere Motive zu erkennen. Ein guter Spiegel unserer Licht- und Schattenseiten sind unsere Mitmenschen: Wenn wir darauf achten, wie wir selbst das Verhalten anderer empfinden und beurteilen, haben wir einen sicheren Wegweiser zur Beurteilung unseres eigenen Verhaltens.

Das Ende allen Leidens

Dem Buddha zufolge hört alles Leiden dann auf, wenn wir uns nicht mehr mit dem Leiden identifizieren, sondern in dem offenen Raum ruhen, in dem alles geschieht. Dann gibt es zwar noch Leiden – aber es gibt kein Ich mehr, das leidet. Dann erleben wir ganz persönlich, dass alle Gefühle und Gedanken, alle Ängste und Befürchtungen dem Wetter gleichen, das im offenen Raum des Geistes entsteht. Kein noch so schlechtes Wetter kann diesen Himmelsraum zerstören, wir vergessen die wärmende Sonne und ihre Strahlen nie. Wie diese Erfahrung möglich wird, soll im dritten Teil dieses Buches Thema sein.

Übung: Heilsames und unheilsames Verhalten

Welche Art von Verhalten macht mir bei anderen Angst?
Was bewirkt ihr angstauslösendes Verhalten bei mir und bei anderen? Welche Art von Verhalten macht mir bei mir Angst?
Was bewirkt mein angstauslösendes Verhalten bei mir und bei anderen? Welche Art von Verhalten wünsche ich mir bei anderen?
Welche Art von Verhalten wünsche ich mir bei mir selbst?
Welche Umstände, Menschen und Übungen könnten mir helfen, das ersehnte Verhalten bei mir selbst zu unterstützen und zu

fördern? Welches Verhalten von meiner Seite aus könnte andere motivieren, sich konstruktiver zu verhalten?

Wenn wir über die Folgen unseres Handelns nachdenken, sollten wir parallel dazu Übungen durchführen, die unser Vertrauen in unsere Fähigkeiten fördern, zum Beispiel die Übungen »Was klappt im Leben?« und »Wasser findet immer einen Weg«. Nur so können wir die Falle der Schuldgefühle und des Selbstmitleids vermeiden. Ist unser Verhalten von Schuldgefühlen geprägt, haben weder wir noch unsere Mitmenschen Freude an uns.

III.
WIRKLICHKEIT

Vertrauen und Erwachen

In Asien vertrauen viele Menschen mit kindlicher Hingabe auf die Liebe und Weisheit des Buddha. In China, Japan und Korea wird Amithaba-Buddha verehrt, der die Menschen nach dem Tod in sein Westliches Paradies führt. Dort leben sie dann für einige Zeit und können unter den günstigen Bedingungen des Paradieses schnell selbst Buddha werden. Überall in der Welt legen Christen ein kindliches Vertrauen in Gott: Sie glauben an die Allmacht Gottes, an ihren Herrn Jesus Christus und an die Gottesmutter Maria. Dieses Vertrauen gibt ihnen Mut zum Leben, denn sie fühlen sich beschützt. Seit Jahrzehnten denken Christinnen und Christen aber auch mit dem Rüstzeug der Vernunft über die Bibel nach, befassen sich mit der Entstehungsgeschichte der Texte und fragen nach ihrer Echtheit und Aussagekraft. Ähnliche Diskussionen finden zunehmend auch in buddhistischen Kreisen statt.

Es gibt jedoch nur wenige Menschen, die mit allen Konsequenzen glauben, was der Mahayana-Buddhismus sagt: Alle Menschen können erwachen und »Buddha« werden. Und wer glaubt wirklich an die Worte Jesu, der sagt: »Das Reich Gottes ist inwendig in euch«? (Lukas 17:20–22) Wie viele Menschen in Ost und West machen sich tatsächlich an die »Nachfolge Christi« oder auf den »Stufenweg zur Erleuchtung« in der Nachfolge des Buddha? Glauben wir, dass wir unser Herz und unser Bewusstsein so erweitern und vertiefen können, dass wir die Botschaft der Bergpredigt oder das Erwachen des Buddha am eigenen Leib erleben können? Oder glauben wir lediglich mit kindlichem Vertrauen an die Erlösung und das Erwachen einiger weniger, wunderbarer Vorbilder?

Drei Ebenen des Vertrauens

Wir brauchen Selbstvertrauen, um glauben zu können, dass wir unsere Fähigkeiten entfalten und unsere Probleme lösen können. Selbstvertrauen macht unser Leben ruhig und leicht. Es kann sich nur dann entwickeln, wenn wir zunächst lernen, anderen zu vertrauen. Kinder, die zu ihren Eltern und den Erwachsenen in ihrer Umgebung liebevolle und verlässliche Beziehungen aufbauen können, entfalten ein stabiles Grundvertrauen in die Welt, in sich selbst und in andere Menschen. Auch Erwachsene können ihr Selbstvertrauen stärken, beispielsweise durch eine psychotherapeutische Behandlung, wenn sie ihrer Psychotherapeutin oder ihrem Psychotherapeuten vertrauen. Generell lassen sich drei Ebenen von Vertrauen unterscheiden: *gläubiges Vertrauen, Vertrauen aus Einsicht* und *Vertrauen aus Erfahrung.*

Zunächst entwickeln wir kindliches oder »gläubiges« Vertrauen. Wir vertrauen den Eltern, der Tante im Kindergarten und der ersten Lehrerin in der Grundschule, unserem Patenonkel und der Großmutter. Sie inspirieren uns dazu, groß und erwachsen zu werden, weil sie selbst groß und erwachsen sind. Wichtig ist, dass sie unser Vertrauen nicht enttäuschen. Wenn wir heranwachsen, beginnen wir zu prüfen, ob das auch alles stimmt, was die Erwachsenen uns sagen. Wir entdecken die Kraft der Argumente und der Logik, verwerfen einiges, nehmen anderes an und machen es uns zu eigen. Auf diese Weise lernen wir uns selbst, andere Menschen, unsere Welt und unsere Kultur genauer kennen und entwickeln Vertrauen aus Einsicht. Mit dem Älterwerden machen wir mehr und mehr Erfahrungen. Wir stellen unser jugendliches Wissen über die Welt in Frage, wir müssen dazulernen, uns von alten Weisheiten verabschieden, neue finden. Auf diese Weise bleiben wir beweglich und flexibel. Wir lernen, dass das geht: zu lernen. Wir entfalten Vertrauen aus Erfahrung.

Bücher und theoretische Abhandlungen allein reichen als Begleitung bei diesem Entwicklungsprozess nicht aus – wir brauchen menschliche Vorbilder. Menschen, die uns zeigen, dass wir nicht nach etwas Unmöglichem streben. Menschen, die uns Ratschläge geben können, wenn wir uns verlaufen. Menschen, die uns vorleben, was wir erst noch suchen. Auch die Meditation lässt sich viel leichter erlernen, wenn wir uns im persönlichen Kontakt an Menschen orientieren können, denen wir vertrauen. Deshalb ist es hilfreich, sich eine Gemeinschaft, eine Lehrerin oder einen Lehrer zu suchen.

Vertrauen entwickelt sich stufenweise vom gläubigen Vertrauen zum Vertrauen aus Einsicht und schließlich zum Vertrauen aus eigener Erfahrung. Lehrerinnen und Lehrer können uns bei diesem Entwicklungsprozess begleiten und als Orientierungspunkte dienen.

Der Umgang mit Vorbildern

Menschliche Vorbilder können uns helfen, Vertrauen in unsere eigenen Fähigkeiten zu fassen und sie zu entwickeln. Uns zum eigenen Handeln und Lernen zu inspirieren ist der eigentliche Sinn und Zweck der »gläubigen Verehrung« vorbildlicher oder gar »heiliger« Menschen. Idealisieren wir diese Menschen aber bloß und fühlen uns dabei klein und unwichtig, nützt uns unsere Verehrung wenig und behindert sogar die eigene Entwicklung. Wir glauben dann, selbst größer zu werden, wenn wir einen bedeutenden Lehrer haben oder zur »richtigen« und »besten« Religion und Gemeinschaft gehören. Solch ein Selbstvertrauen ist bloß geliehen. Wenn der Meditationslehrer, Pfarrer oder Therapeut teure Geschenke annimmt und einen aufwändigen Lebensstil führt, sich als alkoholabhängig entpuppt oder Affären mit Schülerinnen ans Licht kommen, ist die Enttäuschung groß. Besonders »fromme« Anhängerinnen und Anhänger verkehren ihre übergroße Bewunderung dann häufig in heftigste Ablehnung; es fehlt ihnen die Kapazität, mit Fehlern und Unvollkommenheiten des Lehrers einen produktiven und reifen Umgang zu finden. Sie ertragen es nicht, wenn der Lehrer keine soziale Anerkennung und keinen Meditationsfortschritt mehr verspricht und von dem idealisierten Vorbild bleibt nichts mehr übrig. Wenn sie ihren Lehrer verlassen, hadern sie oft noch jahrelang mit der Erfahrung – sie fühlen sich verraten und sind nicht in der Lage, den eigenen Anteil an der Situation zu sehen und daraus zu lernen.

Trotz der Gefahr, mit unrealistischen Erwartungen an falsche Vorbilder zu geraten, sind spirituelle Vorbilder überaus hilfreich: Menschen, die selbst auf dem Weg sind, können Vertrauen in unsere Fähigkeiten wecken und fördern – das ist die Aufgabe der spirituellen Freundinnen und Freunde, der Lehrerinnen und Lehrer. Sie berühren uns durch ihre Menschlichkeit und machen uns Mut, den Weg selbst zu gehen. Sie inspirieren uns nicht nur zu Bewunderung und Verehrung, sondern zur eigenen Übung. Auf dem spirituellen Weg ebenso wie in jeder anderen Lernsituation ist Bewunderung oft der erste Schritt, ein Ausdruck von kindlichem oder gläubigem Vertrauen. Auch wenn wir später eigene Erfahrungen gesammelt haben und uns kompetent fühlen, werden wir die Menschen, von denen wir Wesentliches gelernt haben, weiterhin wertschätzen, achten und sogar bewundern. Gläubiges oder kindliches Vertrauen, Achtung und Wertschätzung für Vorbilder werden uns das ganze Leben begleiten. Sie können aber eigenes Bemühen nie ersetzen.

Die wichtigste Aufgabe von Vorbildern ist es, das Vertrauen in uns selbst zu stärken und uns zu eigenem Bemühen zu inspirieren.

Die Welt als Spiegel

Wenn wir Menschen bewundern und ihre guten Eigenschaften betonen, weist das darauf hin, dass auch wir diese Eigenschaften in uns besitzen. Heilige und Buddhas, erwachte Meisterinnen und Meister sind »Spiegel des Erwachens« – sie zeigen uns, was wir werden können, wenn wir auf die innewohnende Buddha-Natur vertrauen. Wenn wir Buddha oder Jesus, die Gottesmutter Maria oder die Grüne Tara aus ganzem Herzen wertschätzen, kommen wir in Kontakt mit den Fähigkeiten, die wir in ihnen sehen. Die Grüne Tara ist eine weibliche Buddha-Gestalt, die seit dem sechsten Jahrhundert unserer Zeitrechnung in Indien und heute vor allem in Tibet verehrt wird. Sie steht für Großzügigkeit und Furchtlosigkeit, mitfühlendes, kluges Handeln und tiefe Weisheit und wird als »Mutter aller Buddhas« verehrt. Sie inspiriert heute auch viele Frauen aus dem Westen auf der Suche nach einem weiblichen Göttlichen, einem weiblichen Symbol der Transzendenz, sich mit dem tibetischen Buddhismus zu befassen.

Die Welt ist unser Spiegel – im Guten wie im Schlechten. Wer den ganzen Tag über die ungerechte und gemeine Welt schimpft, schimpft eigentlich bloß über sich selbst. Wer die Menschen in seiner Umgebung inspirierend und interessant findet, kommt mit der eigenen Inspiration und Leichtigkeit in Berührung. Bei der Übung »Die Welt als Spiegel«, die wir in unserem täglichen Leben durchführen können, richten wir unsere Aufmerksamkeit ganz gezielt auf diesen Zusammenhang. Wenn wir ein inspiriertes Gespräch führen, sagen wir uns: »Jetzt manifestieren sich Inspiration und Leichtigkeit.« Wenn wir bei der Polizeikontrolle nervös werden, obwohl wir uns nichts haben zu Schulden kommen lassen, sagen wir uns: »Jetzt manifestieren sich Ängste und Kontrollwünsche.« Wird unser Herz weit, wenn wir ein Gedicht lesen, in den Himmel schauen oder einen Vortrag über Meditation hören, so sagen wir uns: »Jetzt manifestieren sich Offenheit und Klarheit, Weite und Freude.«

Wenn wir merken, dass unser Vertrauen brüchig wird, können wir mit dieser Alltagsübung wieder Ruhe und Stabilität finden, indem wir uns gezielt mit Menschen und Dingen befassen, die uns inspirieren. Wenn wir anstrengende oder schmerzhafte Gewohnheiten, Stimmungen und Gedankenschleifen bemerken, können wir uns mit dieser Übung auf die Suche nach dem verlorenen Vertrauen machen.

In sehr schwierigen Lebenssituationen, wenn große Ängste aufsteigen, kann der gezielte Blick auf die »Welt als Spiegel« manchmal nicht ausreichen, um sich wieder zu stabilisieren. Dann kann die Einsicht helfen, dass alle Erfahrungen unbeständig sind. Sie dauern nicht an. Verzweiflung und Angst wallen auf – und sie vergehen auch wieder. Es braucht jedoch einige Übung, um aus der Einsicht in die grundlegende Unbeständigkeit aller Phänomene und Gefühle Ruhe und Sicherheit ziehen zu können.

Die Welt ist ein Spiegel, und wir können aus guten und schlechten Erfahrungen viel über uns lernen. Schließlich passen die Beschreibungen »gut« und »schlecht« gar nicht mehr, weil jede Erfahrung wertvoll wird.

Übung: Ent-täuschungen

Wir erinnern eine kleine Begebenheit aus den letzten Tagen, in der wir uns über uns oder andere geärgert haben. Was genau war Anlass für den Ärger, für die Enttäuschung? Wir fragen uns: Wie habe ich reagiert? Was hat mein Verhalten bewirkt?

Jetzt suchen wir die Täuschung hinter der Enttäuschung. Wir fragen uns: Was habe ich erwartet? Von mir, von den anderen, von den Umständen? Kenne ich diese Erwartungen? Wie oft wurden sie in den letzten sechs Monaten erfüllt?

Jetzt überprüfen wir unsere Erwartungen auf ihren Realitätsgehalt: Wussten wir, dass es sich lediglich um eine Erwartung, eine bloße Vorstellung, eine reine Arbeitshypothese handelte? Passt unsere Vorstellung zu dem, was geschehen ist? Funktioniert unsere Arbeitshypothese?

Im Freiraum der Übung spielen wir jetzt mit unterschiedlichen Vorstellungen. Wir spielen die Situation mit unterschiedlichen Erwartungen noch einmal durch, bis wir nicht mehr enttäuscht sind.

Übung: Vertrauen

Wir fragen uns: Welchen Menschen vertraue ich in schweren Zeiten, wenn ich Kummer habe, in Schwierigkeiten stecke, Unterstützung brauche? Wie war das früher, vor der Schule, während der Schulzeit, als junge Erwachsene, mit zwanzig, dreißig, vierzig? Wem kann ich mein Herz ausschütten? Wem zeige ich mich, wie ich bin? Was hindert mich daran, Menschen zu vertrauen, und was unterstützt mein Vertrauen in andere?

Woran glaube ich? An das Gute im Menschen? An eine lichte Zukunft? Dass alles immer besser wird? An die geistige Höherentwicklung der Menschen? Oder glaube ich, dass es fünf nach zwölf ist und die Menschheit auf eine Katastrophe zusteuert? Woran glaube ich? Worauf vertraue ich? Was hindert mich daran, Vertrauen ins Leben zu fassen, und was fördert mein Vertrauen?

Übung: Vorbilder

Vorbilder sind Ausdruck unseres Vertrauens und sie stärken unser Selbstvertrauen. Vorbilder lehren und leben. Welche Menschen sind mir zurzeit Vorbild, Orientierung und Inspiration? Welche Eigenschaften ziehen mich an? Was genau inspiriert mich und macht mir Mut zum Leben?

Wie war das früher, vor der Schule, während der Schulzeit, als junge Erwachsene, mit zwanzig, dreißig, vierzig? Wen habe ich bewundert, verehrt, mir zum Vorbild erkoren? Von wem habe ich wesentliche Dinge gelernt? Welche Eigenschaften ziehen mich an diesen Menschen an? Was genau inspiriert mich und macht mir Mut zum Leben? Wen frage ich um Rat, wenn ich nicht weiter weiß? Wer darf Kritik an mir üben?

Was hindert mich daran, Menschen zu vertrauen und von ihnen zu lernen? Was unterstützt mein Vertrauen in andere?

Übung: Was klappt im Leben?

Wir neigen dazu, vor allem auf das zu schauen, was uns im Leben fehlt. Was da ist, halten wir oft für selbstverständlich. Wir können immer wieder einmal gezielt darüber nachdenken, was alles da ist in unserem Leben. Dankbarkeit und Freude wecken angenehme Gefühle und stärken unser Vertrauen, dass das Leben es gut mit uns meint, auch wenn nicht alles völlig unseren Wünschen entspricht.

Wir denken gezielt über das nach, was in unserem Leben da ist und klappt: Gesundheit, materielle Umstände, Beruf, Beziehungen, Freundschaften, Wohnung, Inspiration, Natur. Was ist noch da?

Wir können unsere eigene Liste erstellen: Welches sind meine individuellen Bedingungen, meine sozialen Bedingungen, die zu meinem Wohlbefinden beitragen, die mich unterstützen in meinem Leben, in meinem inneren Wachstum?

Wir denken an die günstigen Bedingungen, die wir früher hatten und heute genießen und freuen uns darüber.

Übung: Wasser findet immer einen Weg

Wir können vom Wasser Vertrauen fassen lernen. Wir können an einen kleinen Bach denken, der eine Weile über der Erde verläuft und wenn ein Hindernis, beispielsweise ein Fels, ihm den Weg versperrt, in der Erde verschwindet und nach einigen Kilometern wieder auftaucht. Wasser findet immer einen Weg. Wir können vom Wasser Vertrauen fassen lernen. Es gibt immer eine Lösung, auch wenn wir sie heute noch nicht kennen.

Übung: Meine höchsten Lebensziele

Welche Wünsche habe ich für die Zeit, die noch vor mir liegt? Was will ich im Rest meines Lebens, der heute beginnt, noch erleben, lernen, tun, lassen? Was wünsche ich mir und was traue ich mir zu? Was möchte ich in den nächsten zehn Jahren noch erleben, lernen, tun, lassen? In den nächsten fünf Jahren, in dem Jahr, das gerade vor mir liegt?

Welche äußeren Umstände, welche Menschen können mich dabei unterstützen? Welche inneren Haltungen und Einstellungen fördern die Erfüllung meiner Sehnsüchte und Lebensziele?

Als kurze Variante dieser Übung können wir uns im Anschluss an eine Entspannungsübung oder Meditation nach unseren zentralen Lebenswünschen fragen. Wir können an die gute Fee aus dem Märchen denken und drei Wünsche formulieren. So wird uns klarer, was uns derzeit am Herzen liegt. Die Wünsche dürfen sich jeden Tag verändern. Diese Übung hilft uns herauszufinden, was uns wirklich wichtig ist. Sie schärft unsere Aufmerksamkeit für unsere Motive und trägt zur Klärung unserer Prioritäten bei. Wir gehen mit offeneren Augen durch die Welt und nehmen besser wahr, was bereits da ist und zur Erfüllung unserer Wünsche beitragen kann.

Freude als Weg

Häufig fühlen wir uns im Alltag von unseren Eindrücken erschlagen. Wir kommen uns vor wie inmitten eines rauschenden Wasserfalls. Sinneswahrnehmungen und Gedanken, Bilder und Erinnerungen, Ansichten, Urteile und Gefühle wechseln einander in hohem Tempo ab. In Achtsamkeits-Übungen können wir diesem inneren Tanz der Eindrücke und Impulse oft nur mit Mühe folgen.

Doch es gibt Momente, da spüren wir inmitten aller Turbulenzen für wenige Sekunden Ruhe, Offenheit und Freude. Wir fühlen Raum, werden weit, leicht und klar. Wir sehen die Farben und hören die Töne, die uns umgeben, ganz frisch und wie zum ersten Mal. In solchen Momenten der Freude fühlen wir uns am rechten Platz. Die Welt ist in Ordnung, wir sind im Einklang mit ihr, fühlen uns mit allem und allen verbunden. Wir hören auf zu hadern und zu zweifeln, an gestern und morgen zu denken, zu bereuen und zu hoffen. Stattdessen nehmen wir den Augenblick aufmerksam und mit allen Sinnen wahr und sind ganz auf das Jetzt konzentriert. Verglichen mit den vielen Augenblicken, aus denen sich unser tägliches Leben zusammensetzt, dauern solche Erfahrungen spontaner Freude und Klarheit nur sehr kurz an. Dem Buddhismus gelten sie als ein Hinweis auf die grundsätzliche, glückselige Natur unseres Geistes.

Vier Ebenen des Glücks

Warum machen wir uns so viel Sorgen? Warum haben wir Angst vor der Zukunft? Im Buddhismus heißt es: Weil wir zu wenig Freude erleben. Weil wir zu wenig Freude erleben, lassen wir uns nicht auf den Augenblick ein und verpassen unsere »Verabredung mit dem Leben«. Dieser Moment ist der einzige, der uns glücklich machen kann – doch wir ersticken ihn in lauter »gestern« und »morgen«.

Wie finden wir mehr Freude am Leben? Wie können wir die schwere Bürde der Vergangenheit und der Zukunft abwerfen und uns dem Augenblick öffnen? Indem wir uns auf freudige Erfahrungen bewusst konzentrieren. Die Übung »Sternstunden« lenkt unsere Aufmerksamkeit auf Momente, in denen wir ohne Angst waren, wach und froh. Die Beschreibung der vier Ebenen des Glücks – *Sinneseindrücke, Gefühle der Verbundenheit, Sammlung* und *Einsicht* (siehe Kapitel »Grundstimmungen«) – erinnert uns daran, dass Freude viele Facetten hat. Sinnesfreuden etwa lösen Anspannung auf, weil sie uns helfen zu begreifen, dass Freude in uns selbst entsteht. Die indoeuropäischen Sprachen drücken emotionale Prozesse oft mit reflexiven Verben aus. Im Deutschen heißt es: Ich freue *mich*. Ich fühle *mich* wohl. Ich ärgere *mich*. Die Sprache erinnert uns daran, dass die Quelle von Glück und Leid in uns selber liegt.

Auch im Alltag können wir uns bewusst auf freudige Empfindungen ausrichten. Wir können für ein, zwei Wochen darauf achten, was angenehme Gefühle in uns auslöst. Wenn der Blick in den blauen Himmel Herz und Geist öffnet, sollten wir häufiger den Blick zum Himmel heben. Wir können gezielt an unseren Lieblingsbruder oder die netten Nachbarskinder denken. Geht uns dabei das Herz auch nur ein wenig auf, genießen wir dieses Wohlgefühl einige Momente und denken dann an weitere Menschen, die wir mögen und mit denen wir uns verbunden fühlen. So entsteht noch mehr Wohlgefühl. Auf diese Weise gewöhnen wir uns systematisch an, freundliche Gedanken zu hegen. Das tut uns gut, macht unser Leben weit und leicht und wirkt sich aus, wenn wir mit anderen zusammen sind. Wir können mit etwas Übung sogar lernen, gegenüber Unbekannten und Menschen, die uns unangenehm sind, Offenheit und Freundlichkeit zu entwickeln. Wir brauchen keine Angst zu haben, dass wir mit einer freundlichen und optimistischen Einstellung uns und der Welt gegenüber unsere Kritikfähigkeit verlieren und Schwächen und Fehler übersehen. Diese Neigung ist bei den meisten Menschen so tief verwurzelt, dass sie ganz automatisch funktioniert. Eine gesunde Balance zwischen Vertrauen und Kritikfähigkeit entsteht ganz natürlich, wenn wir gleichzeitig wach und entspannt sind.

Vielen Menschen fällt Freude schwer, weil sie sehr unruhig sind. Aus innerer Unruhe lesen wir beim Essen Zeitung und genießen weder den leckeren Salat noch das Feuilleton. Beim Fernsehen erledigen wir Anrufe oder kümmern uns um den Bügelberg. Obwohl wir es längst besser wissen, geben wir uns der Illusion hin, unsere Lebensfreude werde größer, wenn wir »die Dosis erhöhen«: mehr Musik, mehr Ausflüge, mehr lesen, mehr telefonieren. Die innere Unruhe bleibt, wir übertünchen sie nur mit Aktivitäten. Weil niemand ständig betriebsam sein kann, suchen wir den Ausgleich in völliger Erschlaffung: Dann wollen wir mit nichts und niemandem mehr etwas zu tun haben, fühlen uns dabei aber häufig nicht sehr lebendig.

Ist der ganze Körper beteiligt, fällt auch unruhigen Menschen Sammlung leichter. Mit Freude und Hingabe im Garten werkeln ist Labsal für nervöse Menschen. Gemeinsam singen und tanzen, Theater spielen und wandern haben eine ähnliche Wirkung. Wir achten dabei ganz natürlich auf uns und andere, sind mit dem Herzen bei der Sache und erleben gleich zwei Ebenen des Glücks: *Sammlung* und *Verbundenheit*.

In der asiatischen Kultur wird die ausgleichende Wirkung einfacher, wiederholbarer Abläufe gezielt eingesetzt, etwa bei den Kampfkünsten und den meditativen Künsten: dem Weg der Blumen, des Tees, der Kalligraphie. Wer Rituale mag, kann Herz und Geist durch diese klassischen, meditativen Künste schulen. Wir stecken Blumen, bereiten eine Schale Tee oder schreiben ein einziges Wort oder einen kurzen Satz. Wir wiederholen einen einfachen und klaren Ablauf immer wieder, bis wir ganz damit verschmelzen und es für eine Weile weder Pläne noch Sorgen gibt. Wir geben uns ganz dem Tun hin und sind eins mit dem Augenblick. So entsteht die Freude der *Sammlung*. Wir können auch unsere ganz eigenen, einfachen Rituale entwickeln.

Ernsten und unruhigen Menschen fällt es leichter, sich ihrer inneren Unruhe und ihrem Grübeln zu stellen, wenn ein »ernsthaftes« Anliegen damit verbunden ist. Vielleicht hilft Ihnen die Vorstellung, dass es bei diesen Übungen nicht »nur« um angenehme Gefühle geht, sondern auch darum, tiefer zu verstehen, wie Ihre Unruhe und Ihre Sorgen funktionieren. Innere Prozesse mit Interesse zu beobachten ist unterhaltsam und kann auch intellektuell Spaß machen. Wir entwickeln einen geradezu sportlichen Ehrgeiz und freuen uns, wenn wir uns auf die Schliche kommen. Schon diese Einstellung löst ein wenig unserer Unruhe auf. Wenn wir dann noch herausfinden, was wir wirklich gerne tun, haben wir den roten Faden gefunden, der uns aus dem Tal der Sorgen führt.

Alle Sorgen verschwinden durch *Einsicht*, die höchste Freude. Wer die Dinge sieht, »wie sie sind«, hat den Schlüssel zu Freude und innerem Frieden gefunden. Auch wenn man dieses hochgesteckte Ziel buddhistischer Schulung für sich gar nicht anstrebt, kann man sich doch einige Ratschläge zu Herzen nehmen. Schon mit wenigen grundlegenden Einsichten wird das Leben leichter. Wer die Vor- und Nachteile seiner Mitmenschen, der Umstände und Dinge einigermaßen realistisch sieht, hadert nicht mehr so häufig mit der Vergangenheit und fürchtet sich weniger vor der Zukunft. Wir bemerken unrealistische Erwartungen, die sich nie erfüllen werden, schneller. Wir verschwenden unsere Energie nicht damit, flache und einseitige Vorstellungen von unseren Mitmenschen zu pflegen, sondern schauen genauer hin. Wenn wir unsere Schwächen und die unserer Mitmenschen kennen, rechnen wir mit ihnen und versuchen damit umgehen zu lernen. Wir erwarten nach fünf Jahren nicht mehr, dass die notorisch unpünktliche Kollegin ihre Arbeit rechtzeitig erledigt, und ärgern uns darum auch nicht, wenn sie sich einmal mehr verspätet. Wir sehen ihre Schwächen, vergessen darüber aber nicht ihre Stärken. Wir nehmen ihre ausgleichende Wirkung auf das Team wahr und schätzen ihre Großzügigkeit. Unsere Mitmenschen haben, genau wie wir selbst, Stärken und Schwächen. Wer beides kennt, kann das Beste daraus machen.

Sinneseindrücke, Verbundenheit, Sammlung und Einsicht sind Quellen der Freude. Wenn wir uns im Alltag bewusst auf diese Quellen konzentrieren, schaffen wir Freude und lösen Unruhe und Sorgen auf.

Übung: Freude am Tun

Immer wenn wir Freude erleben – beim Singen, Tanzen, Joggen, Spazierengehen, bei der Gartenarbeit oder beim Musikhören – weist diese Erfahrung darauf hin, dass wir Freude erleben können. So wird jede Erfahrung von kleiner oder großer Freude zu einem deutlichen Hinweis darauf, dass unser tiefstes Wesen Freude ist.

Übung: Angenehme Gefühle   S. 36

Übung: Mit allen Sinnen leben   S. 65

Übung: Sternstunden   S. 66

Kostbares Menschenleben

In materiell reichen Kulturen neigen die Menschen dazu, sich auf das zu fixieren, was ihnen fehlt. Besitz scheint die Gier anzuregen, so dass man dauernd auf das sieht, was man noch nicht oder nicht mehr besitzt. Deutschland gehört zu den reichsten Ländern der Erde – dennoch gibt es in wohl kaum einem Land so viele jammernde Menschen.

Wir können unseren Blick systematisch und regelmäßig auf das lenken, was bereits da ist. Denn unser Leben als Mensch ist kostbar und wertvoll, voller Möglichkeiten und Potenziale. Wenn wir der Meinung sind, unser Leben sei nichts wert, können wir auch nicht viel daraus machen. Wir brauchen ein Gefühl dafür, dass wir uns entwickeln können und dass alles, was wir für unsere Entwicklung brauchen, bereits in uns angelegt ist.

Samen sind noch keine fertigen Bäume. Sie tragen auch noch keine Frucht. Aber sie sind keimfähig und besitzen alle Voraussetzungen, um einmal zu einem großen Baum heranzuwachsen. Ein Stück Land, eine Hand voll Samen und eine Wasserquelle sind ausreichende Bedingungen dafür, dass etwas wachsen und gedeihen kann. Manchmal braucht dieses Wachstum etwas Zeit. Der eine Acker ist steiniger und trockener als der andere, die eine Quelle gibt weniger Wasser als die andere, auf der einen Wiese wuchert es wilder und unübersichtlicher als auf der anderen. Wir brauchen nur etwas Vertrauen und Fantasie, dann können wir vor einem Stück Brachland stehen und die Blumen, Kräuter und Bäume sehen, die eines Tages hier blühen werden.

Die tibetische Tradition macht zwei Vorschläge, wie sich der Blick für das Potenzial unseres Lebens systematisch einüben lässt: Wir können uns unserer Möglichkeiten bewusst werden und über die Probleme nachdenken, die wir nicht haben.

Zunächst schauen wir unsere Fähigkeiten genauer an: Was kann ich und weiß ich? Welche Bedingungen habe ich? Wie sieht es aus mit Bildung, Wohnung, Beziehungen, Zugang zu Informationen, Zugang zu Übungen, zu Lehrerinnen und Lehrern? Wenn ich eine Weile darüber nachdenke, erkenne ich, welche Möglichkeiten mir gegeben sind: Ich kann lesen. Ich kann hören. Ich kann verstehen. Ich habe die Muße, mich mit solchen Fragen zu befassen, da ich keine achtzehn Stunden am Tag arbeiten muss, um meinen Lebensunterhalt zu finanzieren. Ich habe Zeit für die Meditation.

Wenn wir über unsere guten Möglichkeiten nachdenken, erkennen wir die Reichtümer unseres Lebens.

Wie wunderbar, ich kann sehen

Es ist etwas Wunderbares, ein Mensch zu sein. Viele Menschen sagen: »Ich wäre gern einmal eine Katze. Die muss nicht arbeiten und Geld verdienen!« Oder sie wünschen sich, ein sorgloser Hund, ein starker Elefant oder ein beeindruckender Tiger zu sein. Wir lieben Tiere und machen uns Bilder von ihrem Leben. Ohne Zweifel sind Tiere eins mit sich und ihrer Umwelt, sie agieren spontan, ohne Lüge und Unaufrichtigkeit. Dennoch haben nur wir Menschen die Möglichkeit, aus einem rein instinktiven, gewohnheitsmäßigen Verhalten herauszutreten. Wir können unser Verhalten erkennen und gestalten. Den meisten Tieren ist dies nur in einem geringen Maße möglich. »Es ist schön, ein Mensch zu sein« – das bedeutet also nicht, Tiere als minderwertig anzusehen und sich über sie zu erheben. Es soll uns die Augen dafür öffnen, dass allein schon unser Leben als Mensch etwas Wunderbares ist.

Wir leben mit intakten Sinnen. Wir können sehen, hören, riechen, schmecken. Blinde Menschen erleben umso mehr durch ihr Gehör und ihren Tastsinn, gehörlose Menschen sind umso erfüllter von visueller Empfänglichkeit und Ausdrucksfähigkeit. Der vietnamesische Zen-Meister Thich Nhat Hanh hat eine wunderbare Übung entwickelt, um Freude an den Sinnen zu entfalten:

Übung: Freude an den Sinnen

Ich berühre meine Ohren. Wie wunderbar, ich kann hören.
Ich berühre meine Augen. Wie wunderbar, ich kann sehen.
Ich berühre meine Nase. Wie wunderbar, ich kann riechen.
Ich berühre meinen Mund. Wie wunderbar, ich kann schmecken.
Ich berühre meine Haut. Wie wunderbar, ich kann spüren.

Oft erkennen wir erst bei einer Erkältung, wie viel Freude uns verloren geht, wenn wir nicht riechen und schmecken können. Eine Augenentzündung kann uns schlagartig bewusst machen, wie viel es bedeutet, sehen zu können. Viele Menschen müssen bei schweren Erkrankungen mühsam lernen, den Verlust eines ihrer Sinne auszugleichen. Ob wir gesund sind oder krank, ob wir junge oder alte Augen haben, ob uns alle Sinne zur Verfügung stehen, oder ob wir unser Erlebnisvermögen auf bestimmte Sinne konzentrieren: Die Übung von Thich Nhat Hanh kann uns helfen, das Wirken unserer Sinne – so wie sie jetzt sind – bewusst zu erleben und wertzuschätzen.

Ein weiterer Reichtum der menschlichen Existenz liegt in unserer ethischen Grundhaltung: Wir haben zumindest ein ungefähres Verständnis dessen, was heilsam und was unheilsam ist. Wir sind motiviert, uns und anderen Gutes zu tun, auch wenn uns dies nicht immer gelingt. Das grundlegende Verständnis für ethische Werte ist eine wichtige Richtschnur auf dem geistigen Weg. Nur weil ein ethisches Grundvermögen als Keim in jedem Menschen angelegt ist, können wir uns innerlich ausrichten, weiterentwickeln und unsere Anlagen zum Wohle anderer Menschen und zu unserem eigenen Wohl entfalten.

Auch das Vertrauen in die spirituellen Lehren ist ein wichtiger Reichtum unserer Existenz. Wir bemühen uns um unsere Entfaltung – wir haben zumindest ein gewisses Maß an Vertrauen, denn wir glauben, dass wir unsere Fähigkeiten entwickeln und unsere

Probleme lösen können. Man kann gesund sein, in einem reichen Land wohnen, intakte Sinne haben. All das hilft nicht viel, wenn man kein Vertrauen in die geistige Entfaltung hat. Wer kein Vertrauen aufbringt, wer sich zurücklehnt und davon ausgeht, dass Menschen allein von ihren Genen und Instinkten oder von der Prägung in ihrer Kindheit gesteuert sind, wer sich der persönlichen Weiterentwicklung verschließt, nutzt nicht das ganze Potenzial des Lebens.

Alle spirituellen Traditionen teilen die Auffassung, dass wir uns weiterentwickeln können. Wir können unser Herz weiter öffnen. Wir können klarer werden. Wir können mehr Aufmerksamkeit, mehr Energie, mehr Sammlung, mehr Hingabe, Vertrauen und Einsicht entwickeln.

Gute Bedingungen

Es gibt auch »kollektive Reichtümer« und günstige Bedingungen. Wenn wir sie für selbstverständlich halten, verpassen wir eine Gelegenheit zu Freude und Dankbarkeit.

Wir leben in einem Land, in dem es Religionsfreiheit gibt. Es gibt spirituelle Lehrerinnen und Lehrer, wir können frei wählen, wie und wohin wir uns orientieren, niemand kann uns vorschreiben, eine bestimmte Religion oder Methode auszuüben und niemand hindert uns an einer bestimmten religiösen Praxis. Auch das ist ein großer Wert – in vielen Ländern der Erde werden Menschen wegen ihrer religiösen Zugehörigkeit benachteiligt oder leiden unter religiös verbrämter Unterdrückung und Intoleranz.

Mit folgenden Überlegungen drücken tibetische Buddhisten ihre Freude über ihre lebendige religiöse Tradition aus. Wir können ähnliche Gedanken für unseren eigenen Weg formulieren. Es heißt da: Wir leben in einem Zeitalter, in dem ein Erwachter gelebt hat. Wir kennen noch Geschichten des historischen Buddha, der vor zweieinhalbtausend Jahren gelebt hat. Dieser Buddha hat nicht nur gelebt – er hat auch gelehrt. Es heißt, es gebe immer wieder erwachte Menschen mit Klarblick, die jedoch nicht lehren können oder wollen. Doch wir leben in einem Zeitalter, in dem ein Buddha gelebt und gelehrt hat. Seine Lehren sind nicht verschwunden, die Überlieferungslinie ist nicht abgebrochen, sondern der Buddhismus ist eine lebendige spirituelle Tradition, deren Lehren weithin zugänglich sind. Wir müssen nicht sechs Monate zu Fuß durch die Welt wandern, um in weiter Ferne in einem Himalaya-Kloster vielleicht eine einzelne Person zu treffen, die noch mit den Lehren und Meditationsübungen vertraut ist. In deutschen Großstädten können wir fast alle buddhistischen Traditionen kennenlernen, die es in der Geschichte jemals gegeben hat. Wir haben heute in Deutschland die Wahl zwischen vielen Zentren, wo wir meditieren können, wo wir bekocht und rund um die Uhr versorgt werden, damit wir uns ganz den Übungen widmen können. Das ist wunderbar.

Übung: Was klappt im Leben?   S. 131

Probleme, die wir nicht haben

Was morgen sein wird, wissen wir nicht. Wie kennen nicht einmal die Geschehnisse der nächsten Minute. Unsere Zukunft ist offen. Das bedeutet auch, dass uns möglicherweise noch schwierige Erfahrungen bevorstehen. Vor diesem Hintergrund ist die Übung »Nachdenken über Probleme, die wir nicht haben« zu sehen. Es ist keine Aufforderung, auf andere Menschen herabzublicken und uns selbst auf die Schulter zu klopfen, weil es das Leben offenbar besser meint mit uns. Es geht auch hier darum, die wesentlichen Bedingungen unserer menschlichen Existenz zu erkennen und wertzuschätzen.

Der Buddhismus beschreibt in sechs eindrücklichen Bildern Grundprobleme und schlägt vor, uns darüber zu freuen, dass wir sie nicht haben. Die so genannten »sechs Daseinsbereiche« der Höllenwesen, Hungergeister, Tiere, Menschen, Halbgötter und »neidischen Götter« müssen nicht als reale Orte verstanden werden. Sie lassen sich als Beschreibungen typischer Angst- und Leiderfahrungen interpretieren. Wenn wir über diese Zustände nachdenken, lernen wir unsere Ängste genauer kennen. Wir können dann prüfen, ob und in welchem Ausmaß schwierige äußere Bedingungen unsere Ängste nähren. Wir entdecken dabei immer wieder neue Ansatzpunkte, wie wir unsere Einstellung zum Leben so verändern können, dass wir das Leiden in einer Weise akzeptieren, die uns und unserer Umgebung mehr Wohlbefinden schenkt und unser Leben leichter macht.

Leben in der Hölle

Wir können uns darüber freuen, dass wir keine Höllenwesen sind. Damit wird ein Zustand von Schmerz assoziiert, von Angst und Gewalt, der unablässig andauert – von morgens bis abends und von abends bis morgens. Wenn wir sagen, »das sind höllische Schmerzen«, können wir an nichts anderes denken als an Schmerzen. Eine heftige Migräne etwa kommt höllischen Schmerzen sehr nah. Man kann kein Licht vertragen, keine Geräusche, nicht die geringste Erschütterung. Ein schwerer Ischiasanfall verengt unsere Wahrnehmung auf den Rücken – es gibt dann nichts anderes mehr. Es gibt auch seelische oder soziale Leiden, die als Hölle wahrgenommen werden. Manche Menschen verlieren phasenweise die Kontrolle über ihre Wahrnehmungen, sie werden »verrückt«. Andere leben in Partnerbeziehungen, die von ständigen Verletzungen und Demütigungen geprägt sind. Wieder andere leben unter menschenunwürdigen Bedingungen, ohne Dach über dem Kopf, ohne ein Stück Land, ohne Zugang zu Bildung oder medizinischer Versorgung. Ein Leben in der Hölle ist gleichbedeutend mit Schmerz und Qual, aus denen es scheinbar kein Entrinnen gibt.

Die meisten von uns leben – bei allen Schwierigkeiten, die wir haben mögen – nicht in dieser Hölle, die ein zufriedenes Leben unmöglich macht. Das ist ein Grund, dankbar zu sein. Wer in der Hölle lebt, sollte alle Kraft und alle menschliche Entscheidungsfreiheit daran setzen, diesen Zustand zu beenden.

Leben in der Gier

Wir sind auch frei von einem Leben als Hungergeister. Hungergeister werden ganz und gar von ihrer Gier dominiert. »Ich will! Ich brauche!« Das ist ihr einziger Gedanke. Sie werden mit dicken Bäuchen und einem klitzekleinen Mund dargestellt, und ihr dünner Hals ist mehrfach verknotet. Hungergeister werden von Mangelgefühlen aufgefressen und sind daher nie zufrieden. Selten nur finden sie etwas, das sie nährt, und wenn sie etwas finden, können sie es nicht zu sich nehmen. Und selbst wenn sie es schaffen, mit ihrem kleinen Mund zu essen, und das Essen durch den mehrfach verknoteten Hals hinunterzuzwängen, verwandelt es sich im Magen in brennendes Gift. Das sind sehr starke Bilder für eine Mangelmentalität, aus der heraus wir völlig fixe und überzogene Vorstellungen von Glück haben. Nichts in dieser Welt kann unseren Ansprüchen genügen. Selbst wenn wir uns herablassen, etwas zu uns zu nehmen, sehen wir nur, was daran uns nicht passt. Alles, was Hungergeister berühren, verwandelt sich in Abfall, in Ungenießbares, in etwas, das man nicht gebrauchen kann.

Tibetische Lamas sagen manchmal, unsere westlich-zivilisierten Gesellschaften seien eine Mischung der Bereiche der Hungergeister und der neidischen Götter, wie sie weiter unten beschrieben werden. In unserer Gesellschaft ist alles vorhanden, aber wir können es nicht wirklich nutzen. Wir können keine Zufriedenheit daraus ziehen, dass wir eine schöne Wohnung, Beziehungen und eine Arbeit haben. Der Kühlschrank ist voll, aber wir denken nur an unsere Ernährungsregeln, an Kalorien und Vitamine und Ballaststoffe. Oder wir werfen jedes Maß über Bord und treiben Völlerei, ohne auf unsere Bedürfnisse zu hören. Freude am Essen haben wir in beiden Fällen meist nicht. Alles ist da. Aber wir laufen durch unsere Wohnung und unser Leben und sind unersättlich unzufrieden. Dann sind wir von Gier bestimmt und leben als ein Hungergeist, der nicht genießen kann. Wir kennen vielleicht Momente unersättlicher Gier. Eine solche Gier prägt aber nicht alle unsere Erfahrungen.

Leben in Zwang und Gewohnheit

Wir sind frei von einem Leben als Tiere. Das Bild des Tieres ist hier nicht der edle Elefant, die Hauskatze oder der Lieblingshund. Es wird eher an den Straßenhund gedacht, der sich mühsam durchschlagen muss, oder an Tiere, die zur Arbeit herangezogen werden. Wer einmal durch Indien gereist ist und die Pferde gesehen hat, die mit ihren verschorften Rücken Lasten ziehen, weiß in etwa, woran die Menschen in Indien denken, wenn sie von Tieren sprechen: Ausnutzung, Angst, Versklavung, die Unfähigkeit, sich aus eigener

Kraft zu befreien, fressen und gefressen werden. Wenn wir sagen, »Wir sind frei von einem Leben als Tiere«, dann erkennen wir, dass wir anders als diese Tiere zumindest ein bisschen frei von zwanghaften Gewohnheiten sind. Wir sind nicht gezwungen, ausschließlich automatisch zu funktionieren. Wir können hin und wieder merken, was wir tun, und aus unheilsamen Gewohnheiten aussteigen. Wir sind nicht immer nur in Zwangssituationen verwickelt. Wir haben nicht nur Angst. Wir sind nicht völlig abhängig. Wir erleben von all diesen Schwierigkeiten ein bisschen, aber solche Zwänge bestimmen nicht unser ganzes Leben.

Leben mit zu vielen Privilegien

Wir sind frei von einem Leben als Götter, heißt es weiter. Diese Aussage erstaunt ein wenig und lässt sich zunächst nur vor dem Hintergrund der buddhistischen Weltsicht verstehen. Es geht hier um den Idealzustand, den wir in der Meditation häufig anstreben; denn unsere Vorstellung vom Paradies ähnelt der Welt der Sinnesgötter. In dieser Welt ist alles wunderschön und ästhetisch. Wunderbare Musik ertönt, es gibt nur erstklassige und gesunde Nahrung, die elegant geschnittenen Kleider fühlen sich auf der Haut gut an und sind bequem. Alle Dinge sind edel, die Menschen kultiviert, höflich und gebildet. Vielleicht gibt es auch ein bisschen Wildheit und Dschungel – aber bitte dosiert und ungefährlich. Was uns zur Gefahr werden könnte, befindet sich weit entfernt, und wir sind sicher abgeschirmt. Wenn wir unsere Motive genauer beobachten, begreifen wir langsam, wie sehr wir in solchen Wünschen gefangen sind. Wenn wir diese Wünsche genauer spüren, freuen wir uns sogar hin und wieder darüber, dass wir in einem solchen Paradies nicht leben müssen. Wie entsteht eine solche Einstellung?

Wir alle kennen Momente im Leben, in denen wir so glücklich waren, dass wir völlig blind wurden für alles um uns herum. Wenn wir verliebt sind, kann es vorkommen, dass uns niemand mehr interessiert. Wir schweben auf Wolken, die Sorgen anderer Menschen könnten uns nicht gleichgültiger sein, ja, es stört uns sogar, wenn jemand unseren schönen Schwebezustand in Gefahr bringt. »Bleib mir vom Leib mit deinem Jammern«, denken wir. »Ich kann das nicht hören. Ich möchte nicht gestört werden in meinem Glück.«

Von der Welt der Sinnesgötter unterscheidet sich die Welt der »Meditationsgötter«. Diese Götter befinden sich stets in meditativer Sammlung, ihr Körper ist permanent durchrieselt von angenehmen Gefühlen, ihr Herz immer offen und mitfühlend. Ständig fühlen sie sich eins und verbunden mit Menschen, Tieren und Natur. Sie hegen stets schöne Gedanken und genießen ihre innere Ruhe, ohne vom Leid der Welt behelligt zu werden. Wie beneidenswert! Und wie schnöde dagegen unser Alltag ...

Das erstaunliche Leiden der Götter besteht darin, dass ihr Glück nichts mit der Welt, wie sie ist, zu tun hat und auch nicht andauert. Solange sie »meditieren«, leiden die »Meditationsgötter« nicht. Doch das Glück der Meditation ist nicht beständig. Es ist ebenso vergänglich wie die Freude an einer Tasse Kaffee, wie unsere erste oder fünfte große Liebe, wie ein wunderbarer Moment meditativer Konzentration, wie das offene Herz, das wir gestern noch hatten, oder der Gleichmut, den wir in Meditationswochen manchmal erleben. Das Leiden fängt dann an, wenn diese wunderbaren Zustände aufhören und wir darauf nicht vorbereitet sind.

In der Sprache der Mythologie heißt es: Die Götter leben tausend Jahre. Sieben Tage vor ihrem Tod jedoch fängt ihre göttliche Schönheit plötzlich an zu welken. Sie altern in nur einer Woche und begreifen, dass sie sterben müssen. Das Leiden, das dann über sie kommt, ist furchtbar. Es wiegt alles Leid auf, welches Menschen in einem Menschenleben mit seinen Wechselfällen und Tiefen erleben müssen.

Dieses Leid erleben selbst erfahrene Meditierende nach wundervollen Meditationen, und auch im ganz normalen Alltag gibt es ähnliche Situationen. Politiker oder Machthaber werden von heute auf morgen gestürzt und fallen von dem Thron, auf dem sie sich so sicher fühlten. Reiche Leute verlieren ihren gesamten Besitz durch fehlgeschlagene Spekulationen, ökonomische Umwälzungen oder kriegerische Auseinandersetzungen. Wie viele Menschen haben sich in den zwanziger Jahren nach dem Börsenkrach umgebracht, weil ihr gesamtes Vermögen verloren ging. Eine Familie wähnt sich glücklich und zufrieden – bis ein Familienmitglied durch einen Unfall ums Leben kommt oder ein Verbrechen begeht. Von einer Sekunde zur anderen ist die heile Welt zerstört. Solche Beispiele vermitteln uns eine Ahnung davon, was mit dem Leiden der Götter gemeint ist.

Meditationsanfänger sind oft sehr enttäuscht, wenn Konzentration und Ruhe in und nach der Meditation nicht andauern. Sie hören wieder auf zu meditieren, weil sie die Übergänge von angenehm zu unangenehm, von Ruhe zu Unruhe so schwer verkraften. Doch Frieden, Freude, Lebendigkeit und Wachheit wechseln sich ab mit Alltagstrott, Unruhe und Aufgewühltsein; das ist für alle Menschen so, zumindest solange sie »in der Welt« leben, Beziehungen eingehen und Geld verdienen. Niemand ist immer ruhig und froh. Schöne Zustände sind eine wunderbare Sache – aber wenn wir uns der Illusion hingeben, sie seien dauerhaft, dann ist das Leid am Ende oft schlimmer, als hätten wir die schönen Zustände gar nicht erst gekannt.

Das war die große Entdeckung des Buddha: Erwachen und Befreiung erleben bedeuten gerade nicht, immer in angenehmen Gefühlen zu schwelgen, sondern Vertrauen und Einsicht, Mut und Geschick zu entwickeln. Dann können wir die Dinge sehen, wie sie sind, und aus allen Erfahrungen das Beste machen. Denn auch das gilt: Solange wir leben, gibt es Leiden.

Die richtige Mischung aus Glück und Leid

Als Menschen leben wir zwischen den Welten. Wir sind weder der Hölle noch der Gier noch unseren Instinkten ausgeliefert, wir sind aber auch frei von den Illusionen und der Selbstzufriedenheit der Götter. Wir haben genügend inneren Raum und genügend Einsicht, um uns für unsere innere Entwicklung zu interessieren. Wir erleben gerade die richtige Mischung aus Glück und Leid: genügend Leid, um über das Leben nachzudenken und uns zur Übung motiviert zu fühlen, genügend Freiheit und Glück, um an uns zu arbeiten und Vertrauen in den Nutzen der Übungen zu entwickeln. Das ist ein Grund für Freude und Dankbarkeit.

Wir haben Probleme und Schwierigkeiten. Das ist für alle Menschen so. Die richtige Mischung aus Leid und Freude motiviert uns zur Meditation.

Übung: Welche Probleme habe ich nicht?

Wir können uns fragen: Welche Probleme, die ich früher hatte, habe ich nicht mehr?

Welche Schwierigkeiten habe ich nicht, die ich aus meinem unmittelbaren Umfeld kenne?

Welche Probleme habe ich nicht, unter denen Menschen in anderen Ländern zurzeit leiden und die mir zu Herzen gehen?

Als Variante dieser Übung können wir Collagen zu den sechs Bereichen fertigen: Höllenwesen, Hungergeister, Tiere, Menschen, Halbgötter und neidische Götter. Dazu können wir Bilder aus Zeitschriften und Tageszeitungen nehmen. Das macht Spaß und schärft die Aufmerksamkeit für unterschiedliche Ebenen von Leiden und Glück.

Das Wunder des Augenblicks

Jeder Atemzug ist vergänglich, jeder Blick, jeder Klang ist einmalig – sie kommen nie wieder. Dieser Moment, in dem wir vertieft lesen, in dem wir aufstehen und uns bewegen, in dem wir ein Gespräch führen, einen Spaziergang machen, den Mond sehen, das Rauschen der Blätter und das Zwitschern der Vögel hören, die Straße entlanglaufen, das Treiben um uns erleben, im Bus sitzen und die Gesichter der Menschen betrachten – alles das kommt nie wieder. Wenn wir das ganz tief und immer wieder erleben, entsteht eine »sanfte Traurigkeit«, so nennt es der tibetische Lama Trungpa Rinpoche, eine Berührbarkeit. Das ist weder Trauer noch Weltschmerz, sondern Ausdruck eines tiefen Wissens um Vergänglichkeit. Der große russische Dichter Leo Tolstoi hat diese Einsicht in einer Geschichte niedergeschrieben, die sich so zusammenfassen lässt:

Der König sucht einen Weisen auf.
Er stellt dem Weisen drei Fragen:
Was ist der wichtigste Augenblick im Leben?
Was ist meine wichtigste Aufgabe?
Welcher Mensch ist für mich der Wichtigste?
Sag es mir, damit ich mich danach richten kann.

Der Weise antwortet:
Der wichtigste Augenblick ist jetzt.
Die wichtigste Aufgabe ist die, die gerade vor dir liegt.
Die wichtigste Person ist die, die jetzt vor dir steht.

Aus dem Wissen um Vergänglichkeit erwächst eine tiefe Wertschätzung dessen, was jetzt im Augenblick ist. Wir verlieren die Lust zu vergleichen. Wir hören auf zu sagen: »Vor vier Wochen war es aber anders« oder »Das ist genauso wie letztes Jahr.« Wir begreifen: Dieser Moment ist einmalig, so wie jetzt war es noch nie und wird es nie wieder sein. Entweder ich erlebe diesen Moment jetzt mit meiner ganzen Aufmerksamkeit, oder ich verpasse ihn und er ist vorbei. Alles vergeht. Alles ist einmalig. Diesen Augenblick kann ich nur in diesem Augenblick erleben. Wenn wir abspülen, genießen wir das Abspülen. Wenn wir den Atem spüren, genießen wir das Atmen, und wenn wir müde sind, dann spüren wir die Müdigkeit. Das ist es, was jetzt ansteht: Müdigkeit spüren, Hunger spüren, Unruhe spüren, Frieden spüren, Atem spüren, abspülen, Brot beißen, Tee trinken. Was wir jetzt tun, ist das Wichtigste. Wenn wir innehalten und spüren, was gerade jetzt, in diesem Augenblick, an diesem Ort in uns geschieht, entsteht Freude. Freude kommt auf, wenn wir für einen Augenblick mit ganzem Herzen und allen unseren Sinnen bei der Sache sind.

Die Ursache der Freude liegt nicht in dem, was uns gefällt. Die tiefere Ursache der Freude ist nicht in der Tasse Kaffee oder dem Glas grünen Tee zu finden. Sie liegt nicht in dem roten Klatschmohn oder dem Klang der Musik, nicht in den liebevoll schauenden Augen oder der Hand, die uns berührt. Wenn wir die äußeren Anlässe der Freude zu sehr betonen, dann vergessen wir, dass die wahre Ursache der Freude in uns selbst zu finden ist – in unserer Fähigkeit, wach zu sein, wahrzunehmen und Freude zu empfinden. Freude entsteht, wenn wir für einen Augenblick die Aufmerksamkeit ganz auf das richten, was geschieht. Freude ist Gegenwärtigkeit. Daher ist jeder Moment der Achtsamkeit auch ein Augenblick der Freude. Und jeder Augenblick der Freude ist ein Moment des Kontaktes mit der Natur unseres Geistes. Achtsamkeit ist Freude, Freude ist Achtsamkeit.

Achtsamkeit bedeutet, sich zu entspannen und ganz für das zu öffnen, was geschieht. Wir wissen nicht, was im nächsten Moment passieren wird. Jeder Augenblick ist offen. Wir freuen uns über eine Sonnenblume, den Mond am Himmel, das Treiben in der Stadt. Wir spüren in uns hinein und wissen für Momente nicht, was genau diese Freude auslöst. Was genau ist hören, riechen, schmecken und sehen? Wir wissen es nicht. Gedanken und Gefühle steigen auf. Wir wissen nicht, woher sie kommen und wohin sie gehen, nicht einmal, wo genau sie sich befinden, wenn sie in uns sind. Und das macht nichts, wenn wir mit dem Herzen gegenwärtig sind.

Achtsamkeit ist Freude, Freude ist Achtsamkeit. Wenn wir uns freuen, nehmen wir das Geheimnis des Lebens und der Verbundenheit an.

Übung: Verbundenheit

Setzen Sie sich aufs Sofa und schauen Sie sich im Zimmer um. Schauen Sie die Kleider an, die Sie tragen, den Sessel, auf dem Sie sitzen, Möbel und Bilder, Bücher und Musikkassetten und all die kleinen und großen Dinge, die sich in Ihrem Zimmer und in der ganzen Wohnung befinden.

Vielleicht wissen Sie noch, wo Sie diese Dinge gekauft haben oder wer sie Ihnen geschenkt hat. Sie können diese Dinge verwenden, weil jemand irgendwo auf der Welt sie produziert hat. Denken Sie jetzt an all die Menschen, mit denen Sie indirekt verbunden sind durch die Dinge, die Ihnen tagtäglich das Leben erleichtern. Denken Sie an Bücher und Musik, an Kunst und Erinnerungsstücke, die Ihrem Leben Sinn geben.

Auch wenn Sie nur zu wenigen Menschen regelmäßig direkten Kontakt haben, sind Sie immer mit unendlich vielen Menschen indirekt verbunden. Spüren Sie diese Verbundenheit. Spüren Sie Dankbarkeit gegenüber den Menschen, die diese Dinge geschaffen haben.

Übung: Sternstunden   S. 66

Annäherungen an die Natur des Geistes

Was sind Gedanken? Was ist die Welt? Was bin ich? In welchem Verhältnis steht die Realität des Außen zu unserer inneren Wirklichkeit und zu unseren Wahrnehmungen? Gibt es »die Welt da draußen« überhaupt? Was können wir über sie wissen? Das sind Grundfragen der Philosophie, in Jahrtausenden in Ost und West immer wieder ergründet, beantwortet und neu gestellt.

Nicht nur Philosophen, auch wir selbst beantworten diese Fragen täglich durch die Art, wie wir denken, handeln und leben. Wir gehen die Straße entlang, wir arbeiten im Büro, wir sprechen in der Mittagspause mit Kollegen, wir sitzen nach Feierabend in unserem Lieblingscafé und trinken noch etwas – und sind davon überzeugt, dass es das alles »wirklich« gibt: die Straße, das Büro, die Kollegen, die Tasse Kaffee. Wir glauben das, weil wir das so denken.

Auf Nachfrage würden wir durchaus zugeben, dass wir uns und die Welt durch wechselnde Brillen sehen. Wir wissen, dass die Welt je nach unserer Stimmung, unseren Vorlieben und Abneigungen in einem anderen Licht erscheint. Doch je aufgeregter und aufgewühlter wir uns fühlen, desto mehr neigen wir dazu, unsere Weltsicht für »wahr« und »objektiv richtig« zu halten. Es ist schwer, sich dieser Dynamik zu entziehen: Wenn die Kollegin das dritte Mal zu spät zur Teamsitzung kommt und sich dann auch noch zehn Minuten früher verabschiedet, weil sie noch einkaufen muss, finden wir das Verhalten objektiv falsch und die Kollegin objektiv unzuverlässig. Wer sich immer wieder mit demselben Kollegen über seinen kühlen

Umgangston im Team streitet, findet ihn objektiv unfreundlich und emotional unterentwickelt. Es geht nun nicht darum, diese äußeren Umstände zu leugnen. Die Grundfrage ist: Wie können wir leichter in einer unvollkommenen Welt leben?

Die Meditation bringt uns immer wieder zu der Einsicht zurück, wie sehr unser Innenleben und unsere Subjektivität das prägen, was wir fühlen und wahrnehmen. Wenn wir immer wieder spüren, dass wir mit einer optimistischen Einstellung und in einer entspannten Verfassung leichter mit Schwierigkeiten umgehen können, nutzt uns das auch in emotional aufgeregten Situationen. Manchmal können wir dann von dem unmittelbaren Sog der Gefühle und Wahrnehmungen innerlich etwas Abstand nehmen und uns sagen: »Ich denke jetzt nur, dass es so ist. Vielleicht könnte es auch ganz anders sein.« Sofort spüren wir Raum, unser Leben wird leichter, und sei es nur für wenige Sekunden.

Verschiedene Aspekte der Einsicht

Unterschiedliche buddhistische Schulen betonen unterschiedliche Aspekte der Einsicht. Die südlichen Schulen – die heute in Sri Lanka, Thailand und Burma dominieren – lehren vor allem Einsicht in die sogenannten »drei Daseinsmerkmale«: Alle Phänomene sind unbeständig, stellen letztendlich nicht zufrieden und haben keinen festen Kern, auf den man den Finger legen könnte. Wer das in *jedem* Augenblick begreift, ist erwacht. Solange wir träumen, dass Menschen und Dinge, Umstände und Gefühle dauerhaft seien, hoffen wir auch, sie könnten uns wirklich und dauerhaft glücklich machen, und wir sind enttäuscht, wenn das nicht stimmt. Die indische Tradition nennt das *Maya*, den Schleier, oder *Lila*, das Spiel. *Maya* und *Lila* sind die Welt der Fantasien und Vorstellungen. Diese Welt ist gemeint, wenn es heißt, wir lebten in einem Traum. In diesem Traum leiden wir an unserer Überzeugung, wir selbst und die Welt seien objektiv und wirklich so, wie wir sie sehen. Wer diese

Täuschung durchschaut, ist erwacht und frei von allen Enttäuschungen.

Die Lehren der Mahayana-Schulen in den nördlichen Ländern – dazu gehören China und Japan, Korea und Vietnam, Tibet und die Mongolei – stellen Buddha-Natur ins Zentrum der Lehren und Übungen. Auch sie lehren die vier Bereiche der Achtsamkeit und die Drei Daseinsmerkmale, betonen aber den Raum, in dem alles geschieht. Wer begreift, dass alle Gedanken und Gefühle aus der Natur des Geistes entstehen, ist frei.

Buddha-Natur

»Die wahre Natur aller Lebewesen ist Glückseligkeit«, heißt es im Mahayana-Buddhismus. Mit unserer Glücksfähigkeit in Kontakt zu kommen ist das Ziel der Übungen. Ein anderer Leitsatz heißt: »Alle Wesen haben Buddha-Natur«. Er bedeutet: Alle Lebewesen können erwachen. Das ist möglich, weil wir nicht nur aus Gedanken und Gefühlen bestehen. Sie bilden die Oberfläche des Geistes. Erwachen oder Buddha-Natur verwirklichen bedeutet die Tiefenstruktur des Geistes unmittelbar erleben und darin ruhen. Was ist die Tiefenstruktur des Geistes? Wie können wir sie entdecken? Was haben Gedanken und Gefühle und die Erfahrung von Freude und Raum miteinander zu tun? Muss man an »Buddha« glauben, um Buddha-Natur oder die Natur des Geistes zu erleben?

Die Tiefenstruktur oder die Natur des Geistes wird mit den drei Begriffen »offen«, »klar« und »feinfühlig« charakterisiert. Ein anschauliches traditionelles Bild beschreibt es so: Die Natur des Geistes ist offen und weit wie der Himmel, klar und leuchtend wie die Sonne, und sie wärmt uns alle wie die Strahlen der Sonne die ganze Welt. Gefühle und Gedanken, Ängste und Befürchtungen, Ansichten und Meinungen gleichen dem Wetter, das im offenen

Raum entsteht. Kein noch so schlechtes Wetter kann dem Himmelsraum, der Sonne und ihren Strahlen etwas anhaben. Dunkle Wolken und Hagelschauer, wochenlanger Regen und Schnee können den Himmel, die Sonne und ihre Wärme nur verbergen, aber nie zerstören. Wer das auch nur hin und wieder erlebt, identifiziert sich nicht mehr vollständig mit dem inneren Unwetter der Ängste und Enttäuschungen und verfällt nicht mehr wochenlang in Niedergeschlagenheit und Mutlosigkeit. Sollten wir uns dennoch hin und wieder mit der inneren Schlechtwetterperiode identifizieren, werden wir uns dessen nach einer Weile bewusst. Wir erinnern uns wieder an Himmel, Sonne und Strahlen und vertrauen darauf, dass wir sie wiedersehen werden.

Offen und weit wie der Himmel

Wie können wir das Bild vom offenen Raum für uns nutzen? Wenn wir uns nur für fünf Minuten still hinsetzen und nach innen spüren, können wir die drei Facetten der Natur des Geistes unmittelbar erleben. Jede einzelne Erfahrung ist offen und weit wie der Himmel. Sie ist offen im Hinblick auf die Zeit: Auch wenn wir schon der dritten Freundin von unserem letzten Urlaub erzählen, wissen wir nicht, was wir im nächsten Augenblick sagen werden. Wenn wir das schon für uns selbst nicht sagen können, wie sollten wir es bei anderen wissen? Jede Erfahrung ist offen. Auch wenn wir uns mit Gewohnheiten, Charakterstrukturen und Ansichten ein stabiles Leben bauen – wir wissen nie, was im nächsten Augenblick geschehen wird. Meist nehmen wir diese Offenheit nicht zur Kenntnis. Und wenn wir sie durch eine unerwartete Situation bemerken, bekommen wir meist Angst. Wir sind überrascht, wenn das Auto plötzlich nicht anspringt. Es verschlägt uns die Sprache, wenn der stets pünktliche Kollege eine halbe Stunde zu spät kommt und sich nicht entschuldigt. Stehen wir nachts um halb zehn in der Abflughalle des Flughafens und hören, dass unser Flug wegen

Unwetter am Zielflughafen nicht startet, gibt es einen Moment, in dem der Verstand stehen bleibt. Wenn wir die Offenheit dieser Erfahrung bemerken und keine Angst bekommen, können wir die Tiefenstruktur des Geistes für Momente spüren.

Jede Erfahrung ist offen und unfassbar wie der weite Himmelsraum. Wenn eine Melodie unser Herz berührt oder wir eine geliebte Person nach langer Trennung im Arm halten, fehlen uns die rechten Worte, diese Erfahrung zu beschreiben. Nach einer Indienreise können wir einer Freundin zwar beschreiben, wie indischer Gewürztee gemacht wird, aber die Erfahrung können wir ihr mit Worten nicht vermitteln. Alle Erfahrungen sind letztlich unfassbar und nicht zu beschreiben. Wie schmeckt Zucker? Was ist Liebe? Wie klingt Meeresrauschen? Wie fühlt man sich, wenn man eine Arbeit beendet hat? Was ist Freude? Wie fühlt sich ein friedliches Herz an? Wir können zwar versuchen, diese Fragen zu beantworten, aber nur wer die Erfahrungen kennt, versteht sie wirklich. Jede Erfahrung ist letztlich unfassbar, jenseits von Worten und Begriffen. Wer das immer wieder erlebt, auf sich wirken lässt und keine Angst bekommt, spürt die Offenheit des Geistes, von der hier die Rede ist.

Leuchtend wie die Sonne und warm wie ihre Strahlen

Obgleich unser Leben offen und unfassbar ist und wir nie wissen, was passieren wird, geschehen doch unablässig Erfahrungen: sehen, hören, riechen, schmecken, spüren und denken – fünfundsechzig Mal in einem Fingerschnippen. Die Fähigkeit, Erfahrungen zu produzieren, ist der zweite Aspekt der Natur des Geistes, der mit Klarheit oder Leuchtkraft beschrieben wird. Das bezieht sich auf die ungeheure Lebendigkeit unmittelbarer Erfahrung. Die Liebe der Menschen zu glitzernden Gegenständen, zu Edelsteinen, Gold und Silber interpretiert der Schriftsteller Aldous Huxley als eine unterschwellige Erinnerung an diese Art der ungespaltenen Erfahrung. Märchen und Mythen erzählen davon, und im Fieberwahn, in

Träumen und tiefen Meditationen erleben Menschen aller Zeiten die Welt als Ort des Lichts. Der Mahayana-Buddhismus erklärt das mit den Qualitäten der Tiefenstruktur des Geistes, seiner Klarheit und Leuchtkraft, die in allen Erfahrungen prinzipiell zugänglich ist.

Wenn Erfahrungen »aufsteigen«, sind sie im ersten Augenblick noch nicht aufgespalten in »ich hier drinnen« und »die Welt da draußen«. Sehen geschieht, Hören geschieht, Spüren geschieht. Wer die Offenheit des Geistes bemerkt und ohne Angst erlebt, erlebt ganzheitlich, spaltet Erfahrungen nicht auf, sondern steht »mitten im Leben« und fühlt sich nicht abgetrennt davon. »Der Bann der Abgetrenntheit ist abgetan«, sagt Martin Buber. Wir fühlen uns verbunden mit allem, was ist. Genauer gesagt: Wir fühlen uns nicht getrennt. Das ist keine seltene esoterische Erfahrung. Wir alle kennen das aus Augenblicken tiefen Wohlbefindens und völliger Hingabe, wenn wir tanzen oder singen, im Garten werkeln oder unser geliebtes Silberbesteck für ein Fest putzen und mit dem Herzen bei der Sache sind.

Jede Erfahrung ist offen und unfassbar wie der Himmel und leuchtend und klar wie die Sonne. Wer das erlebt, fühlt sich verbunden und voller Freude. Auf der Gefühlsebene erleben wir Offenheit und Klarheit als Freude und Verbundenheit. Das ist der dritte Aspekt der Natur des Geistes, Feinfühligkeit. Sie wärmt und nährt alles, was lebt, wie die Sonnenstrahlen Erde und Pflanzen, Menschen und Tiere mit ihrer Wärme umhüllt.

Ruhen in der Natur des Geistes

Wenn wir die Tiefenstruktur des Geistes immer wieder erinnern und unmittelbar erleben und spüren, wird es mit einiger Übung möglich, uns nicht mehr in erster Linie mit dem Wetter zu identifizieren – den unablässig aufsteigenden Gedanken und Gefühlen –, sondern mit dem Himmel, der Sonne und ihren Strahlen. Dann »ruhen wir in der Natur des Geistes«, wie es im Buddhismus heißt, und erleben eine neue Form von Vertrauen, Kraft und innerem Frieden. Diese Ebene des tiefen inneren Friedens stärkt uns auch dann, wenn wir krank sind, erschöpft oder unzufrieden. Wir mögen dann zwar noch immer schlecht gestimmt sein, aber nur oberflächlich. Tief in uns wissen wir: Es ist halb so schlimm. Wir können sogar manchmal spüren, dass das Leben immer weitergeht, auch wenn es »uns« eines Tages nicht mehr gibt. Diese Erfahrung kann uns bei der Überwindung von Ängsten helfen. Die existenzielle Angst vor Vernichtung und Tod – die hinter allen kleineren Ängsten steckt – können wir nur auflösen, wenn wir die tiefe Sicherheit und Geborgenheit entdecken, die uns das Ruhen in der Natur des Geistes schenkt. Das erst löst alle Gefühle von Abgetrenntheit und Einsamkeit auf. In solchen Augenblicken gibt es keine Angst vor dem Tod, weil wir uns verbunden fühlen mit allem, was lebt.

Zunächst werden wir solche kurzen Momente kaum bemerken. Wir sind zu sehr mit den Wogen der Gefühle, Emotionen und Erwartungen beschäftigt. Wir brauchen ein gewisses Maß an innerer Ruhe, Wachheit und Entspannung, um die Tiefenstruktur des Geistes als offen, klar, feinfühlig und freudig zu bemerken. Ohne die Erfahrung der stillen Übung gleicht unser Leben einem Glas, in dem Wasser und Sand vermischt sind. Die Klarheit des Wassers ist nicht sichtbar, sie wird vom Sand verhüllt. Lassen wir das Glas Wasser einige Minuten ruhig stehen, setzt sich der Sand von alleine am Boden ab, und das Wasser wird wieder klar. Dazu brauchen wir uns nicht anzustrengen. Es geht mühelos. Wir brauchen nur das Glas ruhig stehen zu lassen. Erwachte Menschen treibt kein noch so schlimmes Unwetter zur Verzweiflung, weil sie nie den Himmel, die Sonne und ihre Strahlen vergessen. Diese Einstellung kann unsere eigene Lebenshaltung werden.

Weisheit, Liebe und kluges Handeln

Alle buddhistischen Schulen, die mit dem Konzept von Buddha-Natur arbeiten, legen sehr viel Wert auf die Erfahrung von Raum und Freude, Gegenwärtigkeit und direktem Erleben. Wer wenig Raum spürt und selten Freude erlebt, kann die Übung »Sternstunden« über einen Zeitraum von ein, zwei Monaten regelmäßig einige Male die Woche durchführen und gezielt eigene Erfahrungen mit Freude und Offenheit wachrufen. Wer die grundlegende Offenheit, Klarheit und Feinfühligkeit des Geistes spürt und darin ruht, sieht die Dinge, wie sie wirklich sind. Die Natur des Geistes direkt erleben und darin ruhen ist die höchste Einsicht, das höchste Glück, das Ziel aller Wege. Das ist Weisheit. Wer das erlebt, fühlt sich auch mit den Menschen in seiner Umgebung tief verbunden. Das ist Liebe. Und dann wissen wir jederzeit, was zu tun ist. Aus dieser Sicherheit entstehen das Vertrauen und die Kraft, klug und angemessen zu handeln. Wer weise, liebevoll und angemessen lebt, hat keine Angst. Wer mit jeder Situation umgehen und das Beste daraus machen kann, ist furchtlos und voller Selbstvertrauen.

Offenheit heißt den Raum spüren, in dem alles geschieht, ohne zu wissen, was kommen wird.
Klarheit heißt eine ganzheitliche Erfahrung erleben, ohne sie aufzuspalten in »ich hier drinnen« und »die Welt da draußen«, ohne mich als »Subjekt« einer »objektiven Welt« gegenüberzustellen.
Feinfühligkeit heißt raumhaft und ganzheitlich wahrnehmen und die Freude der Gegenwärtigkeit spüren.

Übung: Öffnen, spüren, erkennen

Was auch immer wir gerade erleben, jede Erfahrung kann uns hinführen zur Offenheit, Klarheit und Feinfühligkeit, zum offenen Raum, in dem alles geschieht.

Auch wenn der Rücken schmerzt, können wir uns diesen Empfindungen für einige Momente öffnen. Das ist Offenheit.

Was auch immer an Körperempfindungen und Gefühlen auftaucht, wir spüren sie mit allen Sinnen. Das ist Feinfühligkeit.

Und was auch immer an Gedanken aufsteigt, nehmen wir zu Kenntnis. Wir verstehen die Erfahrung zumindest ein wenig. Das ist Klarheit.

Selbst in ganz dumpfen Momenten können wir das üben.

Wenn wir denken: »Ich will mich überhaupt nicht öffnen«, können wir das nur denken oder sagen, weil wir eine Ahnung von Offenheit haben.

Wenn wir denken: »Ich spüre überhaupt nichts«, können wir das nur denken oder sagen, weil wir eine Ahnung von Feinfühligkeit haben.

Wenn wir denken: »Ich verstehe überhaupt nichts«, können wir das nur denken oder sagen, weil wir eine Ahnung von Klarheit und Verstehen haben.

Wie wirklich ist die Wirklichkeit?

Obwohl wir uns nach Offenheit und Weite sehnen und an unserer eigenen Enge leiden, entwickeln wir immer wieder feste Vorstellungen und Erwartungen und halten daran fest. Warum tun wir das? Weil wir unsere Vorstellungen für die Wirklichkeit halten und sie uns Sicherheit geben.

Wenn wir einen neuen Bekannten zum ersten Mal besuchen, sehen wir sein Haus zunächst nur von vorn. Automatisch vervollständigen wir die Vorderfront und erfinden ein Bild des ganzen Hauses. Weil wir schon viele Häuser gesehen haben, machen wir uns ein Bild davon, wie das Haus von hinten, wie der Treppenaufgang und die Wohnung selbst gestaltet sind. Je nachdem, wie unser

Bild aussah, sind wir nach dem Betreten des Hauses freudig überrascht oder enttäuscht.

Wir brauchen Vorstellungen, damit wir uns bei neuen Eindrücken, an fremden Orten und mit neuen Menschen orientieren können. Probleme entstehen erst dann, wenn wir nicht merken, dass wir ständig Hypothesen bilden und aus wenigen Eindrücken komplexe Vorstellungen ableiten, die wir dann für die Wirklichkeit halten. Dann besteht die Gefahr, dass wir unflexibel werden und uns neuen Erfahrungen verschließen.

Jeden Tag bilden wir Hunderte von Hypothesen, meist völlig unbewusst. Wir machen uns Bilder von Menschen und Arbeitsabläufen, von Situationen, Gegenständen und von uns selbst. Je häufiger wir diesen Prozess bemerken, desto einfacher kann unser Leben werden. Wenn wir mit Herz und Verstand begreifen, dass unser Leben zu neunundneunzig Prozent aus Arbeitshypothesen besteht, werden wir leichter, flexibler und experimentierfreudiger, wir interessieren uns für uns und die Welt und sind offen für neue Erfahrungen. Wir erwarten nicht von uns, schlagartig keine Erwartungen mehr zu haben. Erwartungen gehören zum Leben, alle Menschen haben sie. Wir bemerken unsere Erwartungen jedoch, überprüfen sie an der Wirklichkeit und können sie korrigieren. Achtsamkeit und Aufmerksamkeit lassen uns erwachen. Sobald wir merken, was geschieht, und erinnern, was wir wollten, spüren wir Raum und Weite. Es geht nicht darum, uns zu ändern oder zu zensieren. Es geht nur darum zu merken. Nicht-urteilendes Gewahrsein öffnet den Raum.

Wir müssen viele Male genau hinschauen und hinspüren, bis wir mit dem Herzen verstehen, wie Denken und Fühlen, Reagieren und Sehen vor sich gehen. Oft begnügen wir uns mit vorschnellen Konzepten. Wir denken dann nur, wir hätten verstanden. Es gibt einen großen Unterschied zwischen Denken und Wissen. Eine Faustregel hilft, ihn zu begreifen: Wenn wir uns weiter ärgern, haben wir nicht verstanden. Wir hatten nur eine gute Idee. Können wir wach und entspannt annehmen, was geschieht, entsteht Raum für wirkliches Wissen. Wenn wir sehen, wie die Dinge sind, geht uns das Herz auf und wir fühlen uns nicht mehr abgetrennt, sondern in Liebe und Wertschätzung verbunden. Unser Leben gewinnt an Weite und Leichtigkeit. Dann brauchen wir nicht lange zu überlegen, was zu tun ist. Wir wissen und tun es. Oder wir wissen es nicht, dann probieren wir etwas aus und lernen aus unseren Fehlern. Denn wir wissen ja, dass wir noch nicht wissen.

Was ist das?

Einen ganz radikalen Weg schlagen die Zen-Schulen des Buddhismus ein. Sie haben Übungen mit paradoxen Aussagen (jap. *koan*) entwickelt, die uns aus unseren eingefahrenen Denkgleisen herausschleudern können und sollen. Ein zentrales *Koan* lautet zum Beispiel ganz einfach: »Was ist das?« Dieses *Koan* wird vor allem im koreanischen Zen verwendet. Was auch immer in Geist und Körper aufsteigt, wir fragen: »Was ist das?« Diese existenzielle Frage wird nicht gestellt, damit wir kluge Antworten finden. Sie soll Interesse wecken, Scheinsicherheiten erschüttern und aus dem Schlaf des eingefahrenen Denkens und der eingefahrenen Gewohnheiten aufwecken.

Zen-Übende arbeiten manchmal jahrelang mit diesem *Koan*. Beim Gehen und Abwaschen, in der stillen Meditation und beim Einschlafen. Immer dann, wenn es nichts zu reden oder zu planen, aufzuschreiben oder zu bedenken gibt. Mit der Zeit kann dieses *Koan* zum Hintergrund aller geistigen Bewegungen werden. Das hält wach. Wer das *Koan* nach einiger Zeit mit einer gewissen Gelassenheit übt, ohne eine schnelle Antwort zu erwarten oder sich zu verurteilen, wenn das *Koan* zeitweise in den Hintergrund tritt, wird das Leben als großes Wunder erleben. Wir merken, dass wir nicht wissen, wie und was die Dinge sind, auch wenn wir noch so viele Begriffe und Definitionen kennen. Ein existenzielles Staunen weckt uns auf. Auch wenn wir keine Antwort haben auf die Frage »Was ist das?«, können wir trotzdem die Schuhe zuschnüren, Verabredungen treffen und einhalten, verständlich reden, einkaufen und Essen kochen. Wir können das sogar besser als zuvor. Denn statt im Halbschlaf durch den Tag zu laufen und uns abends zu fragen, wo nur der Tag geblieben ist, fühlen wir uns wach und staunen über das Geheimnis des Lebens.

Vier Schleier

In der Natur des Geistes ruhen, die Dinge sehen, wie sie sind, sich in Liebe und Wertschätzung mit allen und allem verbunden fühlen, spontan weise handeln können – das alles klingt sehr optimistisch. Die Kehrseite ist: Wer die Natur des Geistes nicht spürt, sieht die Dinge nicht, wie sie sind. Wir fühlen uns nicht mit allem verbunden, sondern abgetrennt. Wir wissen nicht, was wir tun sollen, und werden ängstlich und unsicher. Wir spüren keinen Raum, sondern bewegen uns in einer Welt bekannter Dinge und Begriffe, eingefahrener Gefühle und Gewohnheiten. Wir legen uns eine genaue Landkarte unseres Lebens an und verpassen das Geheimnis des offenen, lebendigen Augenblicks.

Der tibetische Buddhismus beschreibt anschaulich »Vier Schleier«, die uns am Leben hindern: der *Schleier vor der Buddha-Natur*, der *Schleier des Getrenntseins*, der *Schleier der aufgewühlten Emotionen* und der *Schleier des eingefahrenen Verhaltens*. Dieses Modell eignet sich sehr gut dafür, unser menschliches Dilemma in einfachen Begriffen zu beschreiben. Mit Hilfe der Vier Schleier verstehen wir auch besser, warum viele traditionell überlieferte und moderne Versuche, unser Leben »in den Griff zu bekommen«, nicht funktionieren. Die Vier Schleier trüben unseren Blick auf uns selbst und die Welt. Wir sehen die Dinge nicht so, wie sie sind, sondern gefärbt von mangelndem Selbstvertrauen, dem Gefühl der Abgetrenntheit, von aufgewühlten Emotionen und eingefahrenem Verhalten. Das hindert uns daran, uns mit allem, was lebt, verbunden zu fühlen und das Beste aus jeder Situation zu machen.

Woraus bestehen die Vier Schleier und wie können wir sie lüften? Zunächst wird die Quelle aller Probleme benannt. Die offene, klare und feinfühlige Tiefenstruktur des Geistes bleibt uns verborgen. Das ist der *Schleier vor der Buddha-Natur.* Dieser Schleier gilt als tiefste und schwerwiegendste Form des Nichtwissens, er hat schmerzhafte Folgen für unser ganzes Leben und Erleben. Weil wir die Offenheit entweder nicht spüren oder aber fürchten, halten wir alle Eindrücke fest, die im offenen Raum des Geistes aufsteigen. Wir zerreißen sie in »ich hier drinnen« und »die Welt da draußen«. Wir bauen uns eine feste Welt aus Objekten und fühlen uns gleichzeitig abgetrennt davon. Das ist der zweite Schleier – der *Schleier des Getrenntseins,* der Schleier der zerrissenen Sicht, der Schleier der existenziellen Ver-zwei-flung, der Schleier der Dualität.

Wenn wir uns allein fühlen und abgetrennt von einer Welt voller Objekte, entstehen Wünsche. Wir ersinnen Vorstellungen von Dingen, Menschen und Umständen, die wir haben oder nicht haben wollen, um glücklich zu sein. Wir ärgern uns, wenn die Dinge des Lebens nicht nach unseren Vorstellungen laufen. Wir suchen Anerkennung und Unterstützung, fürchten uns vor Kritik und Liebesentzug, sind stolz auf einige Fähigkeiten und schämen uns für kleine und große Schwächen. Das ist der dritte Schleier – der *Schleier der Verblendungen* oder der *Schleier der aufgewühlten Emotionen.* Dazu gehören Ansichten und Meinungen, die wir für die Wirklichkeit halten, und die aufgewühlten Emotionen, mit denen wir unsere Meinungen verteidigen. Dieses Gefühlschaos macht uns unsicher, und so suchen wir Sicherheit in festen Tagesabläufen und Gewohnheiten, Vorlieben und Abneigungen. Das ist der vierte Schleier – der *Schleier der Gewohnheiten* und des eingefahrenen Verhaltens.

Der Kreislauf der Vier Schleier ist auch für viele Menschen in unserem westlichen Kulturkreis eine tägliche Lebensrealität. Unser

Leben bewegt sich in einem ständigen Suchen und Vermeiden von Erfahrungen. Wenn die emotionalen Wogen sehr hoch gehen, finden wir dies bedrohlich und flüchten uns in Gewohnheiten. Eingefahrene Gewohnheiten jedoch werden rasch langweilig, und so suchen wir intensive Erlebnisse. Wir stürzen uns in hektische Aktivitäten, arbeiten zu viel, bilden uns fort, kaufen unnütze Dinge und decken uns mit Verabredungen ein – bis wir erschöpft sind und Zuflucht in engen Regeln und einer inneren Abschottung suchen. Doch bald langweilen wir uns wieder ...

Gegen diesen Kreislauf wäre nichts einzuwenden, wenn uns ein solches Leben befriedigte. Aber ganz offensichtlich sind die Menschen der materiell reichen westlichen Länder nicht sehr glücklich mit dem erschöpfenden Wechsel zwischen Rückzug und hektischer Zerstreuung. Es fehlt uns an dem, wozu dieses Buch verhelfen möchte: Erfahrungen mit der offenen, klaren und feinfühligen Natur des Geistes. In Abwandlung des berühmten Zitates von Mahatma Gandhi über den Frieden ließe sich sagen:

Es gibt keinen Weg zum Glücklichsein.
Glücklichsein ist der Weg.

Die Schleier lüften

Gehören die Vier Schleier zum Leben als Mensch? Oder können wir sie lüften und mit offenem Herzen und klarem Geist leben? Und falls wir die Schleier lüften können, wie fangen wir das an? Der erste Schritt besteht wie immer darin, die Vier Schleier zu bemerken. Eine Frau, die seit einigen Jahren Meditationskurse besucht, erklärte ihre Übung in den schlichten Worten: »Ich beobachte die Vier Schleier in meinem Alltag. Das hilft mir, leichter zu leben, denn ich verstricke mich nicht mehr so sehr in Ängste, Ansichten, Emotionen und Gewohnheiten.«

Wenn wir anfangen, eine solche Innenschau zu üben, merken wir schnell: Gute Vorsätze haben keine lange Dauer. Wir sind inspiriert von einer schönen Meditationsübung, nehmen uns vor, sie morgen durchzuführen, und dann kommt uns etwas dazwischen. Eine Freundin ruft an, die Zeitung liegt da und will gelesen werden, das Aufstehen fällt uns schwer, abends sind wir schon zu müde. Wenn wir genau hingucken, merken wir: Unsere alltäglichen Gewohnheiten halten uns von der Übung ab. Der Schleier des gewohnheitsmäßigen Verhaltens hindert uns daran, etwas Neues in unser Leben einzubauen. Nach einer Woche Meditationskurs fällt es uns zunächst recht leicht, regelmäßig zu üben. Nach zwei, drei Wochen hat uns der Alltag aber meist wieder im Griff, die Übung passt einfach nicht in unser Leben. Wir sind noch nicht vertraut mit dem Üben.

Kluge Menschen, die gewohnt sind, sich auf ihre Erkenntnisfähigkeit zu verlassen, unterschätzen die banale Macht der Gewohnheit häufig. Sie begreifen zwar schnell, dass Innenschau und Entspannung gut tun, üben aber nicht, weil sie keinen Raum dafür schaffen. Die religiösen Traditionen und die Verhaltenstherapie sind sich in zwei Punkten einig: Schlechte Gewohnheiten kann man nur abbauen, wenn man ganz tief begreift, dass sie schaden. Und: Wenn man sich etwas Neues angewöhnen will, muss man es tun!

Wir können uns heute vornehmen, eine Woche lang täglich fünf Minuten für die Innenschau zu reservieren. In dieser Woche diskutieren wir unsere Entscheidung nicht mehr, sondern üben. Nach einer Woche nehmen wir uns wieder vor, eine Woche lang zu üben. Nach einigen Monaten sind wir mit dem Üben so vertraut, dass es uns leicht fällt wie Zähneputzen und Zeitunglesen. Es versetzt uns nicht immer in große Ekstase, aber wir machen es einfach. Auch essen und Zeitung lesen, Zähne putzen und aufräumen sind nicht immer über die Maßen inspirierend und ganzheitlich – und doch machen wir es, weil wir es für sinnvoll halten und daran gewöhnt sind.

Je ausgeglichener unsere Grundstimmung ist, desto leichter können wir schlechte Gewohnheiten ablegen und Neues ausprobieren. Deshalb ist es wichtig, unsere Stimmungen zu bemerken. Wie das geht, haben wir im zweiten Teil des Buches erfahren. Dort können wir nachlesen, wie wir mit Habenwollen und Verlangen, mit Abneigung, Trägheit und Sturheit, mit Unruhe und Sorgen und mit Unentschlossenheit und Selbstzweifeln umgehen können. Auf dieser Grundlage können wir uns nun das Zusammenspiel von Täuschungen und Enttäuschungen anschauen und beobachten, welche Erwartungen und Befürchtungen welche aufgewühlten Emotionen auslösen.

Gültige und ungültige Konzepte

Das deutsche Wort »Ent-täuschung« sagt uns deutlich, wie Enttäuschungen entstehen. Hinter jeder Enttäuschung steckt eine Täuschung. Wir können leicht nachprüfen, ob unsere Vorstellungen über uns und die Welt stimmen oder nicht, ob es gültige oder ungültige Konzepte sind. Ein Beispiel: Wenn wir wieder nicht unseren ganzen Tagesplan erledigt haben und enttäuscht sind über uns, liegt es höchstwahrscheinlich daran, dass wir uns getäuscht haben. Entweder haben wir uns zu viel vorgenommen oder wir haben unsere Tagesverfassung falsch eingeschätzt und waren einfach nicht fit genug. Wir neigen dazu, uns an unserer Bestform zu orientieren und scheitern damit regelmäßig. Das Konzept »Ich schreibe jetzt fünf Briefe auf einmal, weil mir das vor fünf Jahren einmal gelungen ist« ist einfach falsch, da wir nicht immer in Bestform sind.

Eine Erwartung ist dann realistisch, wenn zwei Bedingungen zutreffen: Erstens, wir wissen, dass es eine Erwartung und noch keine Wirklichkeit ist. Wer auch nur ab und zu an diese Definition denkt, lernt rasch, dass neunundneunzig Prozent unserer Erwartungen unrealistisch sind. Wir merken nämlich nicht, dass wir eine Erwartung haben, sondern gehen ganz naiv davon aus, dass die

Dinge auch so laufen werden, wie wir uns das vorstellen. Die zweite Bedingung für eine realistische Erwartung oder für ein gültiges Konzept ist schlicht: Sie funktioniert, sie stellt sich als angemessen heraus. Wenn wir fünfundzwanzig Jahre lang erwarten, dass uns die Verwandten nicht mehr nach der Hochzeit fragen, sondern den langjährigen Freund an unserer Seite endlich als unseren Lebensgefährten akzeptieren, haben wir eine falsche Erwartung. Ärgern wir uns jahrelang über den Kollegen, der dümmliche Witze über Frauen erzählt, ist das ein Hinweis darauf, dass wir immer noch erwarten, ein paar vernünftige Argumente könnten ihn ändern. Vielleicht sollten wir es einmal mit Humor versuchen. Je weniger wir begreifen, dass unsere Erwartungen unrealistisch sind, desto unwohler fühlen wir uns. Wir sind unsicher und spulen uns emotional auf, damit wir uns sicherer fühlen. Wir verteidigen unrealistische Erwartungen mit aufgewühlten Emotionen. Und dann wundern wir uns, warum die anderen, die Welt und wir selbst einfach nicht so sind, wie wir es gerne hätten.

Jedes Mal, wenn wir enttäuscht sind, haben wir uns getäuscht und können die Täuschung hinter der Enttäuschung suchen. Haben wir eine falsche Erwartung entdeckt, können wir ein interessantes und wohltuendes Experiment machen: Wir können die Erwartung, dass unsere Verwandten unseren Lebensgefährten akzeptieren oder dass der Kollege plötzlich keine dummen Witze erzählt, versuchsweise für drei Sekunden oder Minuten loslassen. Dann werden wir merken, wie sehr es stimmt, was die buddhistische Nonne Ayya Khema immer wieder sagte: Eine Sekunde Loslassen ist eine Sekunde Freiheit. Wenn wir die Täuschung hinter der Enttäuschung erkennen und für Momente loslassen, entsteht Raum. In diesem Raum können wir die Welt, wie sie gerade ist, annehmen. Dann fallen uns leichter neue Verhaltensweisen ein, die wir ausprobieren können.

Eine Sekunde Loslassen ist eine Sekunde Freiheit.

Die Gegenwart nüchtern zur Kenntnis nehmen

Falsche Erwartungen loslassen heißt nicht, jede Ungerechtigkeit absegnen und uns mit allem schulternzuckend abfinden. Es ist legitim und ein Ausdruck von Mitgefühl, dieses Leben und unsere Welt mitgestalten zu wollen. Doch das bleibt ein frommer Wunsch, wenn wir nicht bereit sind, den gegenwärtigen Zustand der Dinge zunächst einmal nüchtern zur Kenntnis zu nehmen.

Wir selbst, unsere ängstlichen oder ignoranten Verwandten, der betrunkene Nachbar und die gewalttätigen Skinheads, der schwierige Ex-Ehemann und die pubertäre Tochter, der Unternehmer, der kaltlächelnd den Regenwald abholzt, und die Warlords, die Kindersoldaten ausbilden, die US-Regierung, die Milliarden von Dollars für ihren Traum des atomaren Schutzschildes ausgibt und gleichzeitig zusieht, wie Millionen von Menschen unter der Armutsgrenze leben, die korrupten Politiker und Bürgerkriegsparteien überall auf der Welt, auf dem Balkan, im Nahen Osten und in Afrika: Sie alle sind so, wie sie im Augenblick sind. Unrealistische Erwartungen ändern daran nichts. Was hilft, sind Klarheit und die Einsicht in das bedingte Entstehen schwieriger Verhältnisse. Offenheit vermag Spielräume auch in den verfahrensten Situationen zu sehen. Feinfühligkeit merkt, wo etwas getan werden kann und wie sich einzelne Faktoren verändern lassen. Die Dinge sind in jedem Augenblick wie sie sind. Wenn wir merken, dass unsere Ansichten und Meinungen lediglich Arbeitshypothesen über Zusammenhänge und mögliche Abläufe sind, öffnen wir uns für neue Faktoren, die wir bislang übersehen haben, und hören andere Meinungen gerne an. Vor allem aber begreifen wir, dass Leben komplex ist und wir immer wieder nur unser Bestes tun können.

Die Welt hilft uns, unrealistische Erwartungen abzubauen. Als zuverlässiger Spiegel zeigt sie uns deutlich, ob wir gerade Täuschungen aufsitzen – dann erscheint uns die Welt als Feind. Sind wir dagegen im Gleichgewicht, haben wir auch ein Auge für das, was schön ist und uns hilft. Dann vertrauen wir auf Lösungen, auch wenn wir sie heute noch nicht kennen.

Die innere Weisheit entdecken

Solange wir keinen Kontakt zu unserer inneren Weisheit haben, fühlen wir uns existenziell unsicher. Uns fehlen Urvertrauen, Lebensmut und Lebensfreude. Wenn wir die Offenheit, Klarheit und Feinfühligkeit unseres Geistes nicht bemerken, werden wir uns immer wieder von unserem Körper, von Gefühlen, Stimmungen und Gedanken, von der Natur und von unseren Mitmenschen abgetrennt fühlen. Dann bauen wir überzogene Erwartungen an uns und die Welt auf, rechtfertigen sie mit mehr oder weniger haltbaren Theorien und verteidigen unsere Ansichten mit aufgewühlten Emotionen. Diese unsichere Situation stabilisieren wir dann mit Gewohnheiten. Wir wiederholen immer wieder die gleichen Argumente und finden uns auch noch konsequent. Eingefahrene emotionale Muster definieren wir als Charakter, eingeschliffenes Verhalten finden wir »normal«. Wir »sind eben« träge oder aufbrausend, vorsichtig oder leichtsinnig, unpünktlich oder pingelig – und damit basta.

Der schmerzhafte Kreislauf aus Angst und Unsicherheit, starren Meinungen, emotionalem Aufruhr und eingefahrenen Verhaltensmustern lässt sich nur auflösen, wenn wir unsere innere Weisheit entdecken. Es reicht aber leider nicht, bloß daran zu glauben, dass es sie gibt. Tiefes Vertrauen stärkt uns den Rücken auf dem Weg. Wirklich Boden unter den Füßen finden wir erst, wenn wir den Raum, in dem alles geschieht, tatsächlich entdecken und erleben können. Es liegt an uns, diesen Grund zu finden und daraus zu leben. Das ist die große Chance des Menschseins.

Wir können den Schleier der Verblendungen lüften, wenn wir lernen, die Täuschungen hinter den Enttäuschungen zu entdecken und loszulassen. Dann entsteht Raum, um das spontane Wirken der inneren Weisheit zu erleben.

Drei Arten von Weisheit

Dieses Buch beginnt mit einfachen Übungen – den Atem beobachten, den Körper spüren. Mit diesen Übungen lernen wir zunächst die Oberflächenstruktur des Geistes kennen. Durch Meditation über Sternstunden, tiefe Freude und die Natur des Geistes machen wir uns mit der Tiefenstruktur unseres Geistes vertraut. Eigene Erfahrungen sind durch keine Theorien und kluge Bücher zu ersetzen. Deshalb sollen am Ende dieses Buches der Wert der Erfahrung, der kontinuierlichen, persönlichen Praxis und der Weg dahin noch einmal betont werden:

Jeder Lernprozess umfasst drei Schritte und entsprechend drei Verständnisebenen. Die Tradition beschreibt sie mit »hören, nachdenken, meditativ erleben«. Für uns sieht das im Alltag häufig so aus: lesen, ausprobieren, umsetzen. Das korrespondiert mit den drei Ebenen des Vertrauens, von denen im Kapitel »Vertrauen und Erwachen« die Rede war: durch Hören oder Lesen entstehen »naive« oder »kindliche« Begeisterung und Inspiration, traditionell »gläubiges« Vertrauen genannt. Wenn wir uns etwas gründlicher mit einem Thema befassen oder über bestimmte Themen nachdenken, entsteht rational begründetes Vertrauen: Wir verstehen die Sache einigermaßen und können zumindest darüber reden. Erst durch viel Praxis entstehen stabiles Selbstvertrauen und echte Sicherheit.

Bevor wir Qi Gong oder Tango, Klavierspielen oder Buchhaltung zu einem Teil unseres Lebens machen können, müssen wir zunächst etwas darüber gelesen oder davon gehört haben. Dann denken wir darüber nach, ob wir es lernen wollen, buchen einen Kurs und üben es regelmäßig. Erst nach einigen Jahren des Probierens und Übens geht es uns in Fleisch und Blut über. Die gleichen Schritte machen wir in der Meditation: Wir lesen etwas über

Atemtechniken, grobe und feine Vergänglichkeit, Mantra-Rezitation oder Zen-Koans. Besser noch hören wir Vorträge von Menschen, die selbst üben. Wenn uns die Ausführungen inspirieren, wollen wir es selbst ausprobieren. Aus kindlichem oder gläubigem Vertrauen in die Methode fangen wir tatsächlich an zu üben und schauen, ob die Übungen für uns funktionieren. Vielen Menschen dauert diese zweite Phase zu lang. Schon nach wenigen Wochen wollen sie alles richtig machen. Wenn sie nach einem halben Jahr nicht perfekt sind, geben sie wieder auf. So gelangen sie leider nie zur Ebene der eigenen Erfahrung. Erst Übung macht die Meisterin. In der Meditation versuchen wir zu verstehen, wie wir wahrnehmen und fühlen, denken und erleben. Wir möchten die Grundmechanismen von Glück und Leid begreifen und auf unser inneres System einwirken. Damit haben wir uns sehr viel vorgenommen. Niemand lernt innerhalb weniger Wochen »richtig« meditieren.

Tiefe Einsicht kann entstehen, wenn wir zutreffende Informationen gehört und gelesen und sie mit allen Sinnen geprüft haben: Mit Herz und Verstand, mit unserer Lebenserfahrung und allem uns zur Verfügung stehenden intellektuellen Wissen. Und auch das reicht noch nicht. Damit tiefe Weisheit entstehen kann, muss unser Geist weit werden und wir müssen begreifen, dass wir lediglich intellektuelles Wissen besitzen. Mit kindlichem Vertrauen fangen wir an, und gestärkt durch intellektuelle Einsicht geben wir uns der Übung mit Leib und Seele hin. Dann wird der dritte Schritt möglich: Wir setzen unser Wissen um und leben es. Wir bewegen unerschütterliche Einsichten im Herzen, immer wieder. Plötzlich erleuchtet der Blitz der Einsicht die Landschaft unseres Herzens. Wir sehen für Momente, wie die Dinge sind.

Solche Erkenntnismomente öffnen Herz und Geist. Der Kreislauf sich ständig wiederholender Probleme ist plötzlich in seinen Grundfesten erschüttert. Wir fühlen uns als neuer Mensch und erleben eine tiefe Einsicht. Doch alte Gewohnheiten sind stark. Damit wir nicht wieder ganz zurückfallen, müssen wir gerade jetzt weiterüben. Mit der Kraft der Sammlung halten wir tiefe Einsichten immer wieder im Herzen, bis unser ganzes Wesen davon durchdrungen wird. Die aus Frankfurt stammende Zen-Meisterin Prabhasa Dharma Roshi formulierte es Anfang der neunziger Jahre so: »Wenn wir tiefe Einsichten in der Meditation erlebt haben, müssen wir noch dreißig Jahre weiterüben, um uns ganz tief mit diesem neuen Blick auf die Welt vertraut zu machen. Allerdings«, fuhr sie dann fort, »erzählen wir das am Anfang des Weges nicht, sonst würde niemand anfangen zu üben.«

Ethisches Verhalten vereinfacht unser Leben, und wir haben mehr Zeit für das, was uns wichtig ist. Erste begriffliche Einsichten motivieren uns zur regelmäßigen Übung, und in der Ruhe-Meditation entfärbt sich der Stoff unseres Lebens, bis er neutral wird und empfänglich und offen für Neues. Tiefe Einsicht ist die neue Farbe. Durch weitere Sammlung dringt sie tief ins Gewebe ein.

Hören oder Lesen, Ausprobieren, Umsetzen sind die drei Ebenen der Weisheit. Worte und Gleichnisse können nur den Funken überspringen lassen, damit wir aus eigener Erfahrung begreifen, worauf sie hindeuten: Das, was man mit Worten nicht sagen kann.

Übung: Gewohnheiten

Wir erinnern eine Situation aus den letzten Tagen, in der wir uns etwas Schönes vorgenommen hatten, es dann aber nicht ausführten, weil sich Gewohnheiten störend dazwischenschoben.

Wir fragen uns: Welche Gewohnheiten hindern mich daran, das zu machen, was mir gut tut? Welche Umstände, Menschen und Methoden verstärken diese Hindernisse? Für welche Erfahrungen will ich Raum schaffen in meinem Leben? Welche Umstände, Menschen und Methoden können mich dabei unterstützen? Wann fange ich damit an?

Übung: Ent-täuschungen   S. 129

Ruhe und Einsicht

Die stille Sitzmeditation ist ein sehr effektives Mittel, Gedankenströme zu bemerken, Zugang zu unserer inneren Weisheit zu finden und den inneren Frieden zu fördern. Dabei gibt es zwei unterschiedliche Wege: Übungen, die in erster Linie bei unserem Bedürfnis nach Ruhe ansetzen (Pali: *samatha* – ruhiges Verweilen), und Übungen, die Einsicht und Verstehen unterstützen (Pali: *vipassana* – tiefe Einsicht, Klarblick). Zuerst gewinnen wir Einsicht in die oberflächlichen Geistesregungen – Gedanken und Gefühle, Stimmungen und Muster – und dann in die Natur des Geistes.

Ruhe-Meditationen beruhigen die Oberfläche des Geistes. Statt während eines kurzen Fingerschnippens fünfundsechzig unterschiedlichen Eindrücken nachzulaufen – hören und spüren, riechen und schmecken, denken und erinnern – bleiben wir eine Weile bei einer Sache. Wir hören einfach, ohne die Klänge zu interpretieren. Wir riechen einfach oder wiederholen ein Mantra. Auf diese Weise wird der Geist ruhig, klar und sehr kraftvoll. Wie ein Laserstrahl das Licht bündelt und feste Strukturen durchschneiden kann, so kann ein konzentrierter und gebündelter Geist Anhaftung und Abneigung abschneiden. Selbst kurze Ruhe-Meditationen sind erfrischend und erholsam, weil wir für die Zeit der Sammlung nicht aufgewühlt sind. In diesen wenigen Minuten klagen wir nicht über Vergangenes und träumen nicht von der Zukunft. Es gibt weder Sehnsucht noch Angst oder Ärger. Das tut gut und zeigt uns obendrein sehr deutlich: Wir *sind* nicht unsere Gedanken und Emotionen. Ruhe-Meditationen können wir systematisch lernen. Wer drei Monate lang regelmäßig mit einer Meditationstechnik übt, wird Momente der Konzentration und Ruhe erleben. Dennoch bleibt diese Ruhe von äußeren Faktoren abhängig: Üben wir einige Wochen nicht, sind wir krank, wütend oder traurig, fällt uns die Konzentration sofort schwerer.

Was sind wir, wenn wir nicht unsere Gedanken und Emotionen

sind? Das erkennen wir durch tiefe Einsicht. Einsichts-Meditationen setzen am Alltagsbewusstsein an. Wir lernen Gefühle, emotionale Muster, Stimmungen und Gedanken zu bemerken und zu unterscheiden. Wir üben uns in »reinem Wahrnehmen«. Wir registrieren innere Prozesse und üben uns darin, sie nicht abzuwerten oder zu überschätzen. Wir üben »nicht-urteilendes Gewahrsein«. Das sagt sich sehr leicht, ist aber eine Lebensaufgabe. Es gibt nämlich Gedanken, die verkleiden sich als »objektive« Wahrheiten. Wenn wir zehn Minuten stillsitzen und den Atemrhythmus spüren – ein und aus, ein und aus –, werden wir mit etwas Übung einige Gedanken bemerken, sie benennen und zum Atem zurückkehren. Dann taucht der Gedanke auf: »Du bist unkonzentriert. Du strengst dich viel zu wenig an. Jetzt meditierst du schon zwei Monate und träumst immer noch die ganze Zeit.« Meist fallen wir auf urteilende Gedanken herein und glauben ihnen. Warum? Wir halten Urteile für besondere Gedanken. Urteile behaupten: »Ich bin kein Gedanke. Ich bin du!« Und das glauben wir dann. Aber mit der Zeit lernen wir, auch das zu bemerken.

Aus dem Traum erwachen

Wenn wir am Ball bleiben und geduldig Gedanken als Gedanken erkennen, benennen und zurück zum Atem gehen, fällt es uns irgendwann wie Schuppen von den Augen: »Das sind ja alles nur Gedanken! Mein ganzes Leben ist eine einzige Abfolge von Gedanken!« Das kann ein weiterer Gedanke sein, aber auch ein Moment von Einsicht, von Klarblick, von *vipassana*. Für den Bruchteil einer Sekunde begreifen wir mit dem Herzen, dass unser Leben aus Gedanken besteht. Im Zen nennt man solche Momente Wesensschau (jap. *kensho*) oder Erleuchtung (jap. *satori*). Manche Leute halten sich nach einer solchen Erfahrung für erleuchtet. Wahr ist, dass wir »ein bisschen« erleuchtet sind – wir wissen jetzt, worum es geht. Wir sind für Sekunden aufgewacht. Je vertrauter wir mit meditativen Prozessen sind, desto besser können wir solche Einsichten verarbeiten und in unseren Alltag integrieren.

Die Erleuchtung wird mit dem Erwachen aus einem Traum verglichen. Manchmal merken wir für Sekunden, dass wir träumen, fallen aber gleich wieder zurück in den Traum. Der Traum ist erst dann zu Ende, wenn wir wach sind und bleiben. So verhält es sich auch mit dem »Großen Erwachen«, das der Buddhismus mit Erleuchtung meint: Wenn wir wirklich wach sind, wissen wir es. Wer sich nicht sicher ist, schläft mit Sicherheit noch. Wie im Traum. Auch da träumen wir manchmal, wir seien wach.

Zu den Übungen

Eine beliebte Spruchsammlung aus Tibet enthält neunundfünfzig Merksätze, die uns auf dem Weg der Innenschau und Selbstreflexion begleiten können. Der erste Merksatz »Übe dich in den Vorbereitungen« erinnert an grundlegende Lebensgesetze, deren tiefe Kenntnis einen sicheren Boden für weitere Übungen bereitet. Diese Themen wurden in den vorangegangen Kapiteln vorgestellt, und es wurden Übungen dazu vorgeschlagen: »Leben ist ein Wunder« (S. 180); »Leben und Tod gehören zusammen« (S. 110); »Vor welchem Leiden fürchte ich mich am meisten?« (S. 103); »Innen und Außen bei Konflikten« (S. 45); »Innen und Außen bei unangenehmen Gefühlen« (S. 46).

Die nächsten sechs Merksätze führen schrittweise zum Ruhen in der Natur des Geistes hin. Sie setzen eine einigermaßen stabile Psyche voraus, allerdings im Unterschied zu vielen buddhistischen Übungsanweisungen über die Natur des Geistes keine tiefen philosophischen Kenntnisse oder besonderen Meditationserfahrungen. Sie ermuntern uns dazu, auszuprobieren und selbst zu denken.

Bevor wir also die folgenden Sätze auf uns wirken lassen, sollten wir uns durch die vorbereitenden Übungen, wie sie in den vorausgehenden Kapiteln dieses Buches beschrieben werden, eingestimmt haben. Wir müssen uns selbst bereits ein wenig in unseren Stärken und Schwächen kennen und ein relativ stabiles Selbstwertgefühl besitzen. Eine alte Indianerweisheit lautet: »Wer den Himmel entdecken möchte, muss mit beiden Beinen fest auf der Erde stehen.« Auch für psychisch stabile Menschen sind diese Übungen nicht als erster Einstieg in Meditation geeignet.

Übung: Alle Dinge sind wie ein Traum

Wir erinnern einen Traum aus der vergangenen Nacht. Wir denken daran, wie wirklich alle Menschen und Dinge im Traum schienen. Und doch war es nur ein Traum. Mit diesem Gefühl schauen wir fünf Minuten lang unseren Schreibtisch an und das Sofa, die Kaffeetasse und den Einkaufszettel, die Blumen im Garten und die Autos auf der Straße. Plötzlich wird unser Blick weicher. Alles bleibt, wie es ist. Kein Staubkorn löst sich durch diese Übung auf, und sie lehrt uns auch nicht, dass es die Welt gar nicht gibt und wir sie nur träumen. Die Welt besteht weiter, genau wie auch unsere Traumwelt weiterbesteht, wenn wir merken, dass wir träumen. Wir können telefonieren und Briefe schreiben, einkaufen und die Küche fegen. Unser Blick ist weicher, und alles, was ist, gleicht einem Traum.

Wir können nun einen der folgenden Sätze auf uns wirken lassen:

Jede Situation ist eine vorüberziehende Erinnerung.
Gedanken sind wie Seifenblasen. Benenne sie sanft.
Alles, was wir erleben, sind lediglich Erfahrungen.
Verbinde dich mit der Offenheit des Geistes.
Niemand ist in Ordnung, und allen geht es gut.
Jede Person ist ein wandelnder Widerspruch,
besonders wenn sie den Mund öffnet.

Die ganze Welt ist Wahrnehmung, ist Erfahrung.
Alles, was wir von der Welt wissen, ist über Wahrnehmungen vermittelt, über die Sinne oder das Denken.
Es gibt keine objektive Welt, unabhängig von unserer Haltung.

Übung: Untersuche die Natur des Geistes

Wörtlich heißt es: »Untersuche das Wesen des ungeborenen Gewahrseins.« Diese Übung fordert uns auf, unsere Gedanken mit kindlichem Interesse zu untersuchen. Auch bei dieser Übung geht es nicht darum, die richtige Antwort zu finden, sondern das Staunen zu entdecken. Wenn wir uns nicht mehr mit Informationen aus zweiter Hand zufriedengeben und auf Konzepte aus Lehrbüchern verzichten, geht uns das Geheimnis des Lebens auf. Wir wissen nicht, woher die Gedanken kommen, wo sie sich befinden, wenn sie da sind, und wohin sie gehen, wenn wir an etwas anderes denken.

Wieder können wir einige dieser Sätze auf uns wirken lassen und sie für zwei, drei Minuten im Herzen bewegen:

Geist hat weder Farbe noch Form, weder Ursprung noch Ende.
Es gibt keinen Geist, der Erfahrungen macht. Es gibt nur Erfahrungen.
Der dicke Panzer des Ich besteht nur aus Gedanken.
Lass Gedanken los. Dann sind sie kein Problem mehr.
Lass alle Glaubenssysteme los.
Woher kommen die Gedanken?
Wo bleiben sie, wenn sie da sind?
Wohin gehen sie, wenn sie verschwinden?
Sind der Geist in Ruhe und der Geist in Bewegung und die Bewusstheit darüber gleich oder verschieden?

Übung: Leben ist ein Wunder

Leben ist ein Wunder. Ruhe in diesem Wissen.
Schau wie ein Kind, offen und staunend.
Erfahrungen sind unbegreiflich.

Übung: Ruhe in der Natur des Geistes

Wir denken darüber nach, was wir unter Natur des Geistes verstehen. Wir können die Abschnitte über Buddha-Natur, über die Natur des Geistes in diesem Buch mehrere Male durchlesen und die Sätze und Bilder, die uns besonders berühren, auf uns wirken lassen. Wir schreiben uns einige Sätze auf kleine Kärtchen und bewegen sie im Herzen. Wir sprechen sie langsam vor uns hin und fragen uns: »Was bedeutet das für mich? Was verstehe ich darunter?« Anfangs stimulieren diese Fragen neue Gedanken. Mit der Zeit klopfen sie an unser Herz und wecken die innere Weisheit auf. Dann verstehen wir sie unmittelbar. Ohne Worte.

Wieder können wir einige dieser Sätze auf uns wirken lassen und sie für zwei, drei Minuten im Herzen bewegen:

Geist ist offen und weit wie der Raum.
Ruhe in eingerichteter Klarheit und reiner Einfachheit.
Folge keinem Gedanken.
Spüre die Offenheit, Klarheit und Feinfühligkeit der Natur deines Geistes und ruhe darin.
Ruhe in der Ebene von Buddha-Natur, die dir in diesem Augenblick zugänglich ist.

Nach der Übung: Sei ein Kind der Illusion

Der letzte Merksatz dieser Reihe schlägt den Bogen zum zweiten Merksatz – Alle Dinge sind wie ein Traum – und ist eine praktische Empfehlung: »In der Zeit nach der Meditation sei ein Kind der Illusion.« Wenn wir abwaschen und uns anziehen, wenn wir die Straße entlanggehen oder zu Hause sind, in Ruhe und in Bewegung, denken wir immer wieder für ein, zwei Minuten an den traumartigen Charakter aller Erfahrungen. Je häufiger wir dies im Sitzen üben, desto leichter können wir uns daran erinnern. Eine beliebte Variante dieser Übung hat Eingang in die Psychotherapie gefunden: »Sieh dich als Schauspielerin in einem Stück, das du selbst geschrieben und in dem du alle Rollen besetzt hast.« Noch einmal: Das ist keine Beschreibung der Wirklichkeit, an der wir festhalten sollten, sondern eine Übung, die uns hilft, loszulassen und leichter zu werden.

Wieder können wir einige dieser Sätze auf uns wirken lassen und sie für zwei, drei Minuten im Herzen bewegen:

Es gibt keine Probleme, also lass los.
Erkenne, wie und was du ständig auf andere projizierst.
Erkenne, wie du dich mit deinen Emotionen aufblähst
und wichtig machst.
Sieh alles als Traum und dich selbst als Illusion.
Wisse: Du bist wie ein Traum.
Sieh dich als Schauspielerin in einem Stück.
Wisse: Du lebst in einem Traum.
Du spielst eine Rolle in einem Stück, das du selbst geschrieben
und in dem du alle Rollen besetzt hast.
Wisse: Du erzeugst den Traum.

IV.
UBUNG

Was ist Übung?

Systematisch üben

Ein persönliches Wort vorneweg: Ich übe seit 1977. Die buddhistische Meditation ist die »große Liebe« meines Lebens. Je länger ich übe, desto mehr fühle ich mich am Anfang. Erst langsam ahne ich, worum es auf dem spirituellen Weg und bei der Meditation geht. Und je länger ich übe, umso unwichtiger wird es, ein letztes Ziel zu haben. Wenn ich heute sage, »Der Weg ist das Ziel«, so ist das nicht mehr bloß ein schönes Zitat, das gut klingt. Es ist eine Erfahrung geworden, eine innere Wirklichkeit. Die Übung der Innenschau hat mein ganzes Leben und den Blick auf mich und die Welt verwandelt. Herz und Geist sind leichter und offener, ich komme besser mit meinen Mitmenschen und meinem Alltag zurecht. Ich glaube »mit kindlichem Vertrauen«, dass unendlich viel mehr möglich ist. Und selbst wenn das, was ich heute erlebe, alles ist und war, was möglich ist – ich bin für jede Minute des Übens dankbar.

Üben heißt sich vertraut machen mit dem, was uns heilt. Üben heißt, innehalten und wach werden. Wir halten für einige Momente inne und achten auf das, was gerade in uns vor sich geht. Innehalten fällt uns leichter, wenn wir uns einmal am Tag für zehn oder zwanzig Minuten ruhig hinsetzen und systematisch nach innen spüren. Alles, was uns hilft, wacher zu werden und Anspannung zu verringern, ist Übung. Schon im ersten Kapitel haben wir einige Übungen kennengelernt. Wir probieren sie aus und bleiben dann für drei, vier Monate bei einer Übung. Wenn wir regelmäßig üben, lernen wir die Techniken gut kennen, und das Innehalten wird Teil unseres Alltags. Es wird zwar von täglicher Übung gesprochen, wir brauchen das aber nicht wörtlich zu nehmen. Wenn es uns leicht fällt, üben wir täglich, wenn nicht, dann einige Male die Woche. Solange wir »häufiger als nicht« üben, reicht das. Wir können zusätzlich drei, vier alltägliche Abläufe als »Knoten im Taschentuch« der Übung nutzen. Wenn wir Treppen steigen, richten wir die Aufmerksamkeit vier, fünf Schritte nach innen. Wenn wir einen Schluck Tee trinken, spüren wir kurz die fünf Sinne. Wenn das Telefon klingelt, fangen wir an zu lächeln. Wenn wir die Hände waschen oder uns duschen, lassen wir unsere Sorgen mit dem Wasser wegfließen. Das sind Erinnerungshilfen und kurze Übungen – keine Vorschriften. Es ist nicht schlimm, wenn wir sie vergessen, aber wir wachen für einen Moment auf, wenn wir daran denken.

Die Einstellung beim Üben

Warum sollen wir üben? Warum ist wach werden besser als automatisch reagieren und einen Großteil des Tages verpassen? Wenn wir wach und entspannt duschen und frühstücken, arbeiten und spazierengehen, miteinander reden und lesen, fühlen wir uns ganz einfach wohler. Wir fühlen uns leicht und lebendig, und das Leben macht uns Freude, auch wenn es keine besonderen Höhepunkte gibt.

Wenn wir gerade anfangen zu meditieren, trägt uns der »Anfängergeist«, und wir üben gerne. Schnell holen uns die Gewohnheiten wieder ein. Dann verwandelt sich die Oase der Übung, in der wir uns spüren und mit Interesse erleben, häufig in eine Tretmühle. Mechanisch spulen wir unsere Atemmeditation ab und stellen mit Bedauern fest, dass wir schon wieder auf die Uhr schauen, ob die Übung nicht bald zu Ende ist.

Wir haben mehr Energie und Ausdauer, wir bleiben wach und interessiert, wenn wir immer wieder unsere Motive klären. Mit der Meditation ist es wie im sonstigen Leben auch: Wir haben Zeit und Energie für alles, was uns am Herzen liegt. Wenn wir uns morgens um sechs oder abends um zehn Uhr auf unser Kissen setzen, damit wir wieder so schöne Gefühle erleben wie am vorigen Tag, werden wir nicht lange dabeibleiben. Beim Meditieren geht es nicht in erster Linie darum, sich wohlzufühlen und zu entspannen. Solche Erfahrungen kommen vor, und sie tun gut. Der eigentliche Sinn der Übung aber ist: innehalten und merken, was gerade in uns geschieht. Immer wieder: merken. Solange Lust und Unlust regieren, kommen wir nicht weit. Sich bloß wohlfühlen zu wollen, ist ein sicherer Weg zur Enttäuschung.

Tiefes Interesse an den inneren Prozessen hält uns länger dabei. Wenn es uns brennend interessiert, wie Wahrnehmen und Fühlen, Denken und Erinnern funktionieren, wie Gewohnheiten und Muster entstehen und welche Ansichten und Werte unser Leben regieren, haben wir Zeit für die Übung. Recht stabil wird unsere Übung, wenn wir am eigenen Leib merken, dass wir offener und klarer, wacher und entspannter werden. Wenn uns dann noch aufgeht, dass wir nicht nur mit uns selbst besser umgehen können, sondern andere Menschen sich wohler und wacher mit uns fühlen, haben wir das »Wunschjuwel« der Meditation entdeckt. Wenn wir spüren, dass die Übung uns und andere heilt, bleiben wir dabei.

Alle Erfahrungen in der Meditation hängen mit unserem sonstigen Leben zusammen. Wenn wir krank sind oder die Wohnung und die Stadt wechseln, wenn wir uns scheiden lassen oder beruflich unter Druck geraten, fällt die Übung schwerer. Auch wenn Menschen, die wir schätzen, schwere Zeiten durchmachen und wir mit ihnen leiden, wird unsere Aufmerksamkeit schwächer. Alte Gewohnheiten, Muster und Werte rücken wieder in den Vordergrund. Ist uns die Meditation noch nicht in Fleisch und Blut übergegangen, verlieren wir sie leicht aus den Augen, wenn gerade »wirklich« wichtige Dinge in unserem Leben geschehen. Solange wir das Innehalten verlieren können, ist die Meditation noch nicht Teil von uns. Wir fühlen uns noch nicht eins mit der Übung, sondern davon getrennt.

Haben wir einmal den Raum gespürt, den Innehalten eröffnet, haben wir ein wenig von der offenen Weite gekostet und für Momente die Leichtigkeit des Seins erlebt. Dann werden wir auch zur Übung zurückfinden.

Inspiration, Sammlung, Einsicht

Die tägliche Übung wird leichter und wirkt besonders gut, wenn wir für drei Zutaten sorgen: Inspiration, Sammlung und Einsicht.

Wir bleiben am Ball, wenn die Flamme der Inspiration in unserem Herzen brennt. Dieses Feuer zu nähren ist wichtiger als technische Präzision beim Üben. Die traditionellen Rituale, Gebete, Rezitationen und Lieder dienen – wie die prachtvolle Ausstattung von Kirchen und Tempeln – diesem Zweck: das Herz zu erheben und auf die Übung einzustimmen. Wenn uns weder in unserer Kultur überlieferte noch für uns neue Rituale ansprechen, müssen wir ausprobieren, was uns inspiriert. Ein fester Platz, der uns gefällt, unterstützt die Übung. Wir können Lieblingszitate aufschreiben und zu Beginn der Übung laut lesen oder nach eigenen Melodien singen. Manchmal kann keine Methode unser Herz öffnen. Dann setzen wir uns trotzdem hin und halten die Kontinuität der Übung.

Ruhe-Meditation fördert die Sammlung. Wenn wir zwanzig Minuten auf den Atem achten, schulen wir unsere Konzentration und lernen, uns tief zu entspannen. Wir wissen bereits, dass wir nur dann ruhiger und gesammelter werden, wenn wir das regelmäßig üben. In der zweiten Hälfte der Übung können wir eine der vielen Einsichts-Meditationen ausprobieren. Wir gehen damit auf unser Bedürfnis nach Abwechslung ein. Außerdem denken die meisten Menschen gerne über sich selbst und andere nach. Manche werden die Übungen in diesem Buch systematisch durcharbeiten wollen. Andere suchen sich eine bestimmte Übung aus, die sie dabei unterstützt, eine konkrete Schwierigkeit in ihrem Leben besser zu verstehen oder sich auf eine Herausforderung vorzubereiten.

Stabil, aufrecht und entspannt

Es gibt verschiedene Körperhaltungen, in denen sich meditieren lässt. Viele Menschen sitzen bei der Übung gerne in einer traditionellen Haltung auf dem Boden, entweder im Schneidersitz oder im halben Lotussitz, wobei ein Fuß auf dem Oberschenkel des anderen Beines liegt. Der volle Lotussitz erfordert viel Übung und empfiehlt sich für Anfänger erst einmal nicht. Auf einem etwas festeren Kissen zu sitzen, so dass unsere Beine leicht abschüssig liegen, ist eine große Hilfe für unseren Rücken. So fällt es uns leichter, aufrecht und trotzdem entspannt zu sitzen. Wir können aber auch auf dem Sofa oder in einem Sessel, am Tisch oder mit dem Rücken zur Wand sitzen. Wichtig ist, dass unsere Haltung einigermaßen stabil, aufrecht und entspannt ist. *Stabil sitzen* stärkt unser Selbstvertrauen, denn wenn die Haltung instabil ist, finden wir auch innerlich keine Ruhe. Halten wir den *Rücken aufrecht*, bleiben wir wach. Das hilft besonders unruhigen Menschen, die beim Meditieren schnell müde werden. Wichtig: Nicht Meditation macht müde, sondern stilles Sitzen bringt unsere Müdigkeit zum Vorschein. Wenn wir drei, vier Wochen lang regelmäßig beim Meditieren einschlafen, sind wir vielleicht bereit, früher ins Bett zu gehen oder tagsüber eine wirkliche Ruhepause einzulegen. Der dritte Punkt ist eine *entspannte Haltung*. Wenn wir stocksteif und angespannt den Rücken recken, produzieren wir nur Ansprüche und enge Vorstellungen. Weisheit entfaltet sich in einem entspannten Körper.

Selber erleben und verstehen macht frei

Wenn wir regelmäßig üben, erleben wir schon nach einigen Monaten Momente der Ruhe, oft auch des tieferen Verständnisses. Ein Meditations-Tagebuch kann hilfreich sein, in dem wir neue Erfahrungen und Einsichten notieren und die Übungsabfolgen festhalten, die uns inspirieren und gefallen. Wenn wir etwas vertrauter mit den Übungen sind, können wir aufschreiben, was wir unter Buddha-Natur verstehen, wie wir Vergänglichkeit sehen oder wie unserer Meinung nach Innen und Außen zusammenwirken.

Religiöse Schriften und die Erfahrungen anderer können uns ebenfalls inspirieren. Schöne Texte auswendig lernen und mit ihnen sitzen ist eine wunderbare Übung. Das Wichtigste aber ist, eigene Erfahrungen zu machen, denn nur selber erleben und verstehen macht frei.

Allein und mit anderen

Die meisten Menschen lernen Meditation am leichtesten von einem anderen Menschen, der sie inspiriert. Alle traditionellen Schulungssysteme betonen die Bedeutung mündlicher Anleitung. Vielen fällt es auch leichter, mit anderen zusammen zu üben. Es gibt inzwischen in fast allen großen Städten kleine und größere Meditationszentren und Übungsgruppen, die Einführungsabende anbieten. Solange wir emotional unausgeglichen sind, uns nicht besonders mögen oder uns besser finden als alle anderen, werden wir keine perfekte Gruppe finden. Dann ist es weise, das Meditieren vorerst mit einer unvollkommenen Gruppe zu üben.

Stichworte für die regelmäßige Übung

Das Innehalten fällt uns in den ersten Wochen leichter, wenn wir einfach eine Übung, die uns zusagt, für fünf oder zehn Minuten ausprobieren. Sitzen wir gerne für zwanzig oder dreißig Minuten, können wir testen, ob uns die folgenden Vorschläge inspirieren. Im Allgemeinen wirkt die Übung tiefer, wenn sie folgende Phasen umfasst: Einstimmung, Motivation und Inspiration, Sammlung,

Einsicht und Ausklang. Der Schwerpunkt wird sich je nach Bedürfnis immer wieder verändern.

Einstimmung

Wir sitzen stabil, aufrecht und entspannt.
Wir sitzen einige Momente still, ohne uns etwas vorzunehmen.
Die Aufmerksamkeit darf dabei frei wandern.

Motivation und Inspiration

Wir fragen uns: Warum sitze ich jetzt? Was erwarte ich?
Was will ich erreichen?
  Zur Inspiration können wir ein Gedicht lesen, ein Gebet sprechen oder ein Mantra singen.
  Zum Beispiel: »Möge diese Übung Einsicht und Sammlung, Liebe und Weisheit in mir fördern.«
  Wir entscheiden uns für eine Übung.

Sammlung

Wir spüren den Atem und benennen Gedanken.
Oder: Wir machen die Übung: Den Körper spüren.
Oder: Wir wiederholen einen Satz.
Oder: Wir wiederholen ein Mantra.

Einsicht

Wir lesen oder erinnern eine geführte Übung und lassen sie auf uns wirken.

Ausklang

Wir fassen die Übung zusammen: Was ist mir aufgefallen oder klarer geworden bei dieser Übung? Was hat mich besonders berührt? Wir lauschen nach innen, bis ein Satz, ein Wort oder ein Bild auftauchen, die unsere Einsicht aus der Übung auf den Punkt bringen. Das lassen wir einige Momente auf uns wirken, damit der Eindruck tief wird.

Wir widmen die Übung uns selbst und anderen, indem wir innerlich sagen:

Möge sich durch diese Übung mein Herz öffnen und mein Geist klären.

Mögen alle Wesen die für sie geeigneten Wege zum Erwachen finden.

Mögen alle Wesen Einsicht und Ruhe erleben.

Mögen alle Wesen glücklich sein.

Überblick über einfache Grundübungen

Den Atem spüren (5–20 Minuten)

Wir spüren und benennen »Aus – Ein« im Rhythmus des Atmens. Oder: Beim Ausatmen zählen wir von eins bis zehn und wieder rückwärts von zehn bis eins.
Oder: Beim Ausatmen sagen wir innerlich »Raum« und beim Einatmen »Vertrauen«.
Oder: Beim Ausatmen lassen wir los und beim Einatmen nehmen wir an.
Oder: Wenn wir loslassen lernen wollen: Wir atmen drei, vier Mal tief und lang ein und halten den Atem fest. Danach atmen wir einige Atemzüge im natürlichen Rhythmus.

Oder: Wenn wir annehmen lernen wollen: Wir atmen drei, vier Mal tief und lang aus und weigern uns einzuatmen. Danach atmen wir einige Atemzüge im natürlichen Rhythmus.

Den Körper spüren (etwa 30 Minuten)

Wir gehen langsam durch den Körper und registrieren Körperempfindungen.
  Reihenfolge: Kopf bis Becken, Fingerspitzen bis Schultern, Becken bis Zehen.
  Zum Beruhigen: von oben nach unten.
  Energie tanken: von unten nach oben.

Gehen (5–30 Minuten)

Wir gehen eine Strecke von 20–30 Schritten hin und her. Manchmal gehen wir im Normaltempo, manchmal langsam oder in Zeitlupe. Wir achten auf die Bewegung der Füße und sprechen dabei innerlich Worte oder Sätze.
  Langsam: »heben, oben, senken«, im Normaltempo: »links, rechts.«
  Oder: Langsam: »Ja zum Leben, danke fürs Leben.«; Im Normaltempo: »Ja – Danke.«
  Oder: Langsam: »Ich komme an, ich bin zu Haus.«; im Normaltempo: »ankommen – zu Hause.«
  Bild: Bei jedem Schritt erblüht eine Lotosblüte.

Die Übungen in alphabetischer Reihenfolge

Alle Dinge sind wie ein Traum   S. 178
Angenehme Gefühle   S. 36
Auf und Ab   S. 115
Den Atem spüren   S. 24
Den Körper spüren   S. 25
Energie tanken   S. 80
Ent-täuschungen   S. 129
Freude an den Sinnen   S. 140
Freude am Tun   S. 137
Gehen   S. 26
Geteiltes Leid ist halbes Leid   S. 118
Gewohnheiten   S. 174
Gleichmut und Gleichgültigkeit   S. 74
Heilendes Verhalten einüben   S. 53
Heilsames und unheilsames Verhalten   S. 120
Innen und Außen bei angenehmen Gefühlen   S. 46
Innen und Außen bei Konflikten   S. 45
Leben und Tod gehören zusammen   S. 110
Leben ist ein Wunder   S. 180
Mein soziales Umfeld   S. 59
Meine höchsten Lebensziele   S. 132
Meine Lieblingssorgen   S. 86
Meine Lieblingsvorwürfe an mich selbst   S. 90
Meine Lieblingszweifel   S. 87

Mit allen Sinnen leben	S. 65
Mitgefühl und Mitleid	S. 72
Öffnen, spüren, erkennen	S. 160
Ruhe in der Natur des Geistes	S. 180
Sei ein Kind der Illusion	S. 181
Schlechte Gewohnheiten erkennen	S. 52
Sicherheit im Leben	S. 105
Sternstunden	S. 66
Unangenehme Gefühle	S. 37
Untersuche die Natur des Geistes	S. 179
Verbundenheit	S. 152
Vertrauen	S. 130
Vier Arten von Trägheit	S. 79
Von der Unzufriedenheit zum inneren Frieden	S. 108
Vor welchem Leiden fürchte ich mich am meisten?	S. 103
Vorbilder	S. 130
Was ist mir wichtig im Leben?	S. 80
Was klappt im Leben?	S. 131
Was kommt nach dem Tod?	S. 113
Was mache ich den ganzen Tag?	S. 54
Wasser findet immer einen Weg	S. 132
Welche Fähigkeiten an mir schätze ich?	S. 91
Welche Probleme habe ich nicht?	S. 149
Wie fühlt sich Angst an?	S. 95

Texte für die Meditation

Die folgenden Gedichte und Aussprüche sind besonders geeignet für Menschen, die etwas vertraut sind mit Meditation und bereits Momente der Offenheit und Klarheit erlebt und sie als stärkend empfunden haben. In Meditationskursen von einer Woche Dauer werden sie in der Regel von allen Teilnehmerinnen und Teilnehmern als besonders inspirierend erlebt. Wer gerade sehr aufgewühlt und unruhig, zornig oder verletzt ist und sich mit diesen Zuständen sehr identifiziert, wird die Sätze kaum als hilfreich empfinden, da sie in zu starkem Kontrast zur eigenen Verfassung stehen. Einige empfinden es als hilfreich, eines der Gedichte auswendig zu lernen und es sich zu Beginn der regelmäßigen Übung laut oder leise vorzusprechen. Probieren Sie aus, was Ihnen Mut zur Übung macht, das Herz öffnet und den Geist klärt.

Warum willst du meditieren?
Rigdzin Shikpo (Michael Hookham), 20. Jahrhundert

Setz dich bequem hin.
Warum willst du meditieren?
Um zu erwachen.
Erwachen ist unfassbar, jenseits von Leiden.
Sitz aufrecht. Dann bist du wach,
und Erwachen ist Erleuchtung.

Sitz bequem und mühelos,
denn Erwachen ist bequem und mühelos.
Mühelos sitzen ist nicht einfach.
Einfach ist es nur für Erwachte.
Wir müssen lange üben.
Wenn wir sitzen, kommen viele Gedanken.
Wir glauben, Gedanken stören.
Wir wollen Gedanken beseitigen und strengen uns an.
Doch auch ohne Anstrengung sind wir abgelenkt.

Eigentlich ist Meditation ganz einfach,
aber Meditieren ist nicht leicht.
Man kann es nicht richtig machen,
und doch kann man üben.
Wie können wir üben?
Was können wir tun?

Wir können Vertrauen entwickeln.
Wir sind im Grunde Buddha.
Es gibt Offenheit, Klarheit, Feinfühligkeit.
Darin können wir ruhen.
Wir können in diesen drei Qualitäten ruhen.
Doch zuerst bemerken wir sie nicht,
weil wir so viel denken.

Wir müssen lernen, den Gedanken nicht zu folgen.
Dabei hilft uns der Atem.
Wir achten auf das Ausatmen, denn es entspannt.
Wir entspannen uns für einen Augenblick
in der Offenheit, der Raumhaftigkeit.

Wir können Offenheit und Raum
aber nicht festhalten.

Wir lassen los.
Auch die Vorstellung von Offenheit.

Kommen Gedanken und lenken dich ab,
kannst du nichts tun.
Wenn du es merkst, lass die Gedanken
für einen Augenblick los – in den Raum hinein.
Lass dann auch die Vorstellung von Raum los.

Im Raum des Geistes gibt es eine natürliche Klarheit,
Bewusstsein, und darin kannst du ruhen,
auch wenn es viele Gedanken gibt.

Du brauchst Gedanken nicht aufzulösen.
Immer wenn wir Ablenkung bemerken,
kehren wir zum Ausatmen zurück.
Wir lassen Gedanken los und ruhen in Klarheit.

Feinfühligkeit ist ganz natürlich da,
wenn wir Ablenkung bemerken
und zum Atem zurückkehren.

Herzensrat
Lama Thubten Yeshe, 20. Jahrhundert

Sanft sein
Sei weise.
Geh sanft um mit dir und deinem Geist.
Sei liebevoll und gütig.
Bist du sanft mit dir,
bist du auch sanft zu anderen.

Raum
Raum ist immer da.
Er ist da, und wir können frei gehen.

Meditation
Wenn wir uns zum Meditieren hinsetzen,
sollte das so bequem und angenehm sein,
wie wenn wir in unsere Hausschuhe schlüpfen.
Wir sollten so meditieren,
dass wir beim Aufstehen
unser Kissen liebevoll anlächeln und sagen:
»Ich komme bald wieder!«

Mantras für den Westen
Entspann dich.
Lass los.
Gut genug.

Sehen befreit

Man irrt nicht durch Wahrnehmen,
man irrt durch Anklammern.
Doch wenn der Geist
um sein Klammern weiß,
wird er frei.
Padmasambhava, 8. Jahrhundert

Nicht dein Sehen bindet dich,
sondern deine Sicht.
Tilopa an Naropa, 10. Jahrhundert

Freiheit
Longchen Rabjampa, 14. Jahrhundert

Es gibt keine Freiheit.
Du kannst nicht befreit werden,
denn du warst nie gebunden.

Geist
Dilgo Khyentse Rinpoche, 20. Jahrhundert

Der Geist erschafft beides:
Samsara und Nirvana.
Doch das ist keine große Sache.
Es sind nur Gedanken.
Erkennen wir, dass Gedanken leer sind,
hat der Geist keine Kraft mehr,
uns zu betrügen.

Nackt ward ich geboren
Chögyam Trungpa, Mudra, 20. Jahrhundert

Nackt ward ich geboren.
Mit Freude gaben meine Eltern
mir einen Namen.
Mit zwanzig dachte ich,
ein Name ist eine Fessel.
Ich möchte ihn abschaffen.
Wann immer ich frage,
antwortet keiner.
Höre ich den Wind in den Bäumen,
erhalte ich Antwort.

Sitz aufrecht!
Ösel Tenzin, 20. Jahrhundert

Sitz aufrecht. Verbinde dich mit Himmel und Erde.
Du bist ein Lichtableiter zwischen beiden.
Lass los.
Deine Vergangenheit – löse sie auf in der Erde.
Deine Zukunft – löse sie auf im Raum.
Den gegenwärtigen Augenblick – löse ihn auf im Atem.
Dann vergiss alles.
Schau in den offenen Raum und entspanne deinen Geist.

Was auch immer geschieht, sorge dich nicht.
Lebe ohne absichtsvolles Handeln – das ist die Botschaft.
Wir machen aus der Übung eine viel zu große Sache.
Lass los.
Geschieht etwas, ist es gut.
Geschieht nichts, ist es auch gut.
Dieser Augenblick ist leer.

Frei und leicht. Ein spontaner Vajragesang
Lama Gendun Rinpoche, 20. Jahrhundert

Glück ist nicht zu finden
durch große Mühen und Willenskraft.
Es ist schon da, in offenem Entspannen und Loslassen.

Mühe dich nicht.
Es gibt nichts zu tun oder aufzulösen.
Was auch immer gerade in Körper und Geist aufsteigt,
ist nicht wirklich von Bedeutung.
Es hat wenig mit der Wirklichkeit zu tun.

Warum willst du dich damit gleichsetzen und daran hängen,
und Urteile über dich und andere fällen?

Lass lieber das ganze Spiel in Ruhe geschehen.
Wie Wellen taucht etwas auf und verschwindet.
Ändere nichts und manipuliere nichts.
Schau, wie alles vergeht
und wieder auftaucht, wie von Zauberhand.
Immer wieder und ohne Ende.

Nur unsere Suche nach Glück hindert uns am Sehen.
Wie einen strahlenden Regenbogen
versuchen wir es zu haschen und fassen es nie,
einem Hund gleich, der den eigenen Schwanz jagt.

Auch wenn es Glück und Frieden
nicht wirklich gibt, als Ding oder Ort,
sie sind immer da, in jedem Augenblick.

Glaube nicht an die Wirklichkeit
guter oder schlechter Erfahrungen.
Sie sind wie das Wetter von heute,
vergänglich wie ein Regenbogen am Himmel.
An dem festhalten, was unfassbar ist,
bringt nur vergebliche Erschöpfung.
Öffne deine Faust und lass los,
und es gibt unendlich viel Raum,
offen, einladend, wohltuend.

Nutze den Raum, diese Freiheit
und natürliche Leichtigkeit.
Suche nicht weiter.
Begib dich nicht in den dichten Urwald
auf der Suche nach dem großen erwachten Elefanten.

Er sitzt schon gemütlich zu Hause
an deinem Herd.

Es gibt nichts zu tun oder zu lassen,
nichts zu erzwingen, nichts zu wollen
und nichts zu verpassen.

Emaho! Wie wunderbar.
Alles geschieht von selbst.

Was ist Geist?
Padmasambhava, 8. Jahrhundert

Dieses strahlende Gewahrsein, Geist genannt,
auch wenn man von ihm sagt, es ist, ist es doch nicht.
Als Quelle ist es der Ursprung des Unterschieds
zwischen der Seligkeit des Nirvana
und den Leiden des Samsara.
Da es etwas ist, wonach alle sich sehnen,
wird es in allen elf Fahrzeugen geschätzt.
Man kennt es unter unendlich vielen Namen.
Manche nennen es *Natur des Geistes* oder *Geist An Sich*.
Die Thirthikas nennen es *Atman* oder *Das Selbst*.
Die Sravakas nennen es die Lehre vom *Nicht-Selbst*
oder vom *Fehlen eines Selbst*.
Die Cittamatrins nennen es *Citta* oder *Den Geist*.
Es heißt *Prajna Paramita* oder *Vollendung der Weisheit*.
Es heißt *Tathagatagarbha* oder *Schoß der Buddhaschaft*.
Es heißt *Mahamudra* oder *Das Große Symbol*.
Es heißt *Einzigartiger Bereich*.
Es heißt *Dharmadhatu* oder *Bereich der Wirklichkeit*.
Es heißt *Alaya* oder *Grundlage von allem*.
Und einige nennen es einfach *Gewöhnliches Gewahrsein*.

Alle Dinge sind Buddha
The Mala of Views, Padmasambhava, 8. Jahrhundert

Alle Dinge sind im Geist.
Geist ist im Raum. Raum ist nirgendwo.

Der Geist ist Buddha.

Alle Dinge sind im Grunde leer.
Alle Dinge sind von Anfang an rein.
Alle Dinge sind völlige Klarheit.
Alle Dinge sind frei von Leiden.
Alle Dinge sind von Anfang an Buddha.

Das erkennen ist das Wesen der Großen Vollendung.

Kanzeon!

Im japanischen Zen wird jeden Tag ein kleiner Vers über Buddha-Natur rezitiert. Es ist eine Anrufung an die weiblich vorgestellte Buddha-Gestalt der Liebe und des Mitgefühls, Kannon oder Kanzeon genannt (chin. Kuan Yin, tib. Chenrezig, Sk. Avalokiteshvara. In Tibet und Indien verehrt man diese Buddha-Figur in männlicher Gestalt. In China und Japan wird sie ab dem 10./11. Jahrhundert in weiblicher Form verehrt). »Nen« ist ein japanisches Wort für die ganz kurzen Bewegungen im Geist, von denen es nach buddhistischer Rechnung fünfundsechzig während eines Fingerschnippens gibt. »Nen« bezieht sich auf das wechselnde »Wetter« im offenen Raum. Nen sind die Gedanken und Gefühle, die Erinnerungen und Bilder, die blitzartig im offenen Raum des Geistes auftauchen. Der Vers wird mehrere Male rhythmisch rezitiert. So sinkt seine Bedeutung tief ins Herz, und plötzlich versteht man den Inhalt mit allen Sinnen. Sein offizieller Titel heißt »das lebensverlängernde zehnteilige Kanno-Sutra«. Wir können daraus schließen, dass man länger und leichter lebt, wenn man sich an seine Buddha-Natur erinnert.

Kanzeon! Ehre sei Buddha.
Wir sind eins mit Buddha.
In Ursache und Wirkung sind wir verbunden
mit allen Buddhas und mit Buddha, Dharma und Sangha.
Die wahre Natur ist ewig, freudig, selbstlos und rein.
Durch den Tag Kanzeon, durch die Nacht Kanzeon.
Nen um Nen entspringt aus dem Geist.
Nen um Nen ist nicht getrennt vom Geist.

Nachwort

Der Buddha und seine Lehren

Der Buddha

Alle Übungen in diesem Buch gehen auf Lehren und Übungen des historischen Buddha und seiner Nachfolgerinnen und Nachfolger zurück. Siddhartha Gautama aus dem Geschlecht der Sakyas wurde im 5. Jahrhundert vor unserer Zeitrechnung in Nordindien geboren. Er lebte in relativem Wohlstand und erfüllte nach guter indischer Sitte seine weltlichen Pflichten – Ausbildung, Ehe und Vaterschaft. Mit 28 Jahren hatte er eine tiefe Begegnung mit Krankheit, Alter und Tod, und das ließ ihn an Sinn und Zweck seines unbeschwerten Lebens zweifeln. Er begab sich auf die Suche nach dem Sinn des Lebens, nach dem, was bleibt, auch wenn alles sich ständig wandelt. Nach dem Vorbild der indischen Asketen ließ er seine geliebte Gattin Yasodhara und seinen Sohn Rahula, dessen Name nicht zufällig »Fessel« bedeutet, in der Obhut seiner wohlhabenden Familie und zog in die Einsamkeit. Sieben Jahre übte er die asketischen Praktiken seiner Zeit, hungerte sich fast zu Tode und lernte tiefe Sammlung kennen. Er beherrschte nach einer Weile alle spirituellen Techniken seiner Zeit, und doch war seine Frage nach dem Sinn des Lebens nicht beantwortet.

Schließlich erinnerte sich Siddhartha Gautama an eine kleine Begebenheit aus seiner Kindheit. Er hatte am Rande eines Reisfelds unter einem Baum gesessen und absichtslos, aber aufmerksam und wach alles wahrgenommen, was in diesem Augenblick geschah. Zu dieser Übung kehrte er zurück und fand dann unter einem Feigenbaum im nordindischen Bodhgaya im Alter von 35 Jahren das, was er das ganze Leben gesucht hatte. Er sah die Dinge, wie sie sind, ohne ihren Wert zu übertreiben und ohne sie abzuwerten. Daraus erwuchs eine tiefe Verbundenheit mit allem, was lebt, und allem, was ist. Aus tiefer Weisheit und allumfassender Liebe erwuchs spontan unerschöpfliche Kraft und großes Geschick im Handeln: die Weisheit, Liebe und Kraft, die alle Erwachten aller Zeiten und Räume auszeichnet. Die Art Feigenbaum, unter welchem der Buddha gesessen hatte, wurde später zu seinen Ehren Bodhi-Baum oder Baum des Erwachens genannt (lat. *ficus religiosa*). Der Buddha hatte seine Fähigkeiten als Mensch vollkommen entfaltet. Er war aus dem Schlaf der Unwissenheit und Täuschung erwacht und Buddha (der oder die Erwachte) geworden. Er war weder Mensch noch Gott, sondern ein Erwachter.

Zunächst wollte der Buddha nicht über seine Erleuchtungserfahrung sprechen. Was er erlebt hatte, war nicht in Worte zu fassen. Aus Mitgefühl, so heißt es, begann er dann einige Wochen später den Weg zum Erwachen zu lehren, den Menschen, »die wenig Staub auf den Augen haben«. Fünfundvierzig Jahre lang wanderte er durch Nordindien und lehrte Männer und Frauen, Bauern und Kaufleute, Prostituierte und Könige den Weg zum Erwachen. Als er im Alter von achtzig Jahren starb, hinterließ er eine blühende Gemeinde von Mönchen, Nonnen und Laienangehörigen beiderlei Geschlechts. Seine Lehren wurden erinnert, kurz vor der Zeitenwende aufgeschrieben, sie wurden geübt und in vielen Ländern verbreitet.

Der Buddha lehrte keine fertige Philosophie, sondern beriet Menschen auf ihrem Weg. Lehren und Übungen zeigen einen Weg, wie wir das Herz öffnen und den Geist klären können, so dass wir das erleben, was der Buddha erlebt hatte und was man nicht in Worte fassen kann. So viel jedoch kann man sagen: Mit offenem Herzen und klarem Geist können wir uns und die anderen, Dinge und Umstände, Natur und Kultur sehen, wie sie sind – durch vielerlei Faktoren bedingt, unbeständig und wandelbar und ohne festen Kern. Wer das in jedem Augenblick erkennt, ist frei. Solche Menschen ruhen in etwas, das größer ist als das kleine Alltags-Ich, im offenen Raum des Geistes, den die Mahayana-Traditionen »Buddha-Natur« nennen.

Die Lehren

Die Lehren und Übungen des Buddha zeigen uns einen Weg zu einer unverzerrten Sicht von uns und der Welt. Wir lernen uns und die Welt ohne Gier, Hass und Verblendung zu sehen. Eine Lehre wie die des Buddha, die eigene Erfahrungen und Einsichten ins Zentrum der Übung stellt, ist bereit, die Menschen da abzuholen, wo sie stehen. Da Menschen unterschiedlich sind, entwickeln sie unterschiedliche Kulturen. In jedem Land, in das die Buddha-Lehren kamen, wandelten sie ihre äußere Form. Bestimmte Themen rückten in den Vordergrund, andere mehr in den Hintergrund. Die Lehren wandeln sich mit jeder Kultur und lehren doch immer nur eines: Das Leiden und den Weg aus dem Leiden heraus.

Seit über hundert Jahren und besonders im letzten Drittel des Zwanzigsten Jahrhunderts befassen sich Menschen in Europa genauer mit dem Buddhismus. Wenn Frauen und Männer, die hier geboren und aufgewachsen sind, Buddhismus studieren, üben und schließlich weitergeben, so unterscheiden sich ihre Vorträge und Übungsanleitungen von denen ihrer asiatischen Lehrer. Lehrer aus dem Osten sind häufig Mönche oder ordinierte Priester, und meist sind es Männer. Noch nie in der Geschichte der Buddha-Lehren gab es einen so hohen Prozentsatz nicht-ordinierter Lehrender wie im Westen. Einige lehren Buddhismus »hauptberuflich«, andere gehen parallel dazu einem Brotberuf nach, einige haben Kinder, knapp die Hälfte sind Frauen. Auch das ist ein Novum. Ihre Erfahrungen verändern die Schwerpunkte von Lehren und Übungen.

Lehren und Übungen aus einer fremden Kultur kennenzulernen

und in die eigene Kultur aufzunehmen ist immer eine Gratwanderung. Manchmal klebt man zu sehr an den ethnischen Formen aus Tibet oder Japan, Sri Lanka oder Thailand, Vietnam oder China, und manchmal verwässert man die Kernlehren mit eigenen Vorstellungen und kulturellen Vorbehalten. Den mittleren Weg wird man wohl nur finden, wenn man die Extreme gründlich auslotet. Das Ergebnis wird zeigen, was funktioniert.

Weiterführende Literatur

Seit den frühen achtziger Jahren des zwanzigsten Jahrhunderts gibt es eine Flut von Büchern zum Thema Buddhismus. In der Mehrzahl handelt es sich um Sekundärliteratur und um Interpretationen der Lehren. Asiatische und westliche Lehrerinnen und Lehrer kommentieren die klassischen Themen und Texte des Buddhismus auf viele unterschiedliche Weisen.

Die meisten Bücher enthalten traditionelle Lehrdarlegungen und Kommentare, die sich an bekennende Buddhistinnen und Buddhisten – an Insider also – richten. Manche Autorinnen und Autoren versuchen, die Brücke zum westlichen Leben zu schlagen und ein breiteres Publikum anzusprechen. Erfreulicherweise liegen die Lehrreden des Buddha aus dem Palikanon weitgehend in deutschen Übersetzungen vor. Leider gibt es viele Grundwerke und Kommentare des Mahayana (»Großes Fahrzeug«) und des Vajrayana (»Diamantfahrzeug«, auch tantrischer Buddhismus) noch nicht auf Deutsch.

Nimmt man die Qualität der Bücher auf dem deutschen und englischen Buchmarkt zum Maßstab, stehen wir am Anfang der Buddhismus-Rezeption. Es gelingt den Autorinnen und Autoren aus Asien und aus dem Westen mal mehr und mal weniger, den Kern der Lehren authentisch und lebensnah zu vermitteln. Das gehört wohl zu jeder Anfangszeit und ist kaum zu vermeiden.

Wer sich mit weiterführender Literatur zum Buddhismus befassen möchte, sollte einfach schauen, welche Literatur zur eigenen Lebenssituation passt. Für viele Menschen eignet sich das traditionell empfohlene Vorgehen: hören, nachdenken, meditieren. Wir lesen ein, zwei Bücher, die uns ansprechen, und besuchen Vorträge von Lehrerinnen und Lehrern, die in dieser Tradition gründlich ausgebildet sind und deren Lehrstil uns zusagt. Dann überprüfen wir die Gedanken und Übungen, die uns berühren, mit allem, was uns an intellektuellen und emotionalen Kräften zur Verfügung steht: Wir denken darüber nach, probieren sie im Alltag aus und beziehen das Gelernte immer wieder auf unsere Erfahrungen. Was unseren Prüfungen standhält, mit dem machen wir uns vertraut, indem wir immer wieder daran denken und es mit unserem Leben in Verbindung bringen.

Nachdenken allein wird uns nie Sicherheit schenken. Nachdenken und Ausprobieren sind dann in einem stimmigen Gleichgewicht, wenn wir Einsichten gewinnen, die unser Leben leichter machen.

Literatur zu den Themen dieses Buches

Alle Kapitel dieses Buches beziehen sich auf grundlegende Lehrinhalte des Buddhismus, zu denen es viele gute Bücher gibt. Die folgenden Literaturhinweise beschränken sich auf Werke, die vielseitig verwendbar, gut übersetzt und leicht erhältlich sind. Einen liebenswürdigen und klaren Zugang zu den zentralen Lehren und Übungen und eine gründliche, praxisnahe und psychologisch reflektierte Darstellung vieler Themen in diesem Buch finden Sie in: *Jack Kornfield, Frag den Buddha und geh den Weg des Herzens.* Es wird in den folgenden Kapiteln nicht mehr eigens erwähnt.

Das Kapitel »Was ist Meditation?« erklärt, was Meditation ist, und stellt Basis-Übungen vor. Grundlage ist eine Lehrrede des Buddha, das *maha-satipatthana-sutta*, wörtlich: Das Große Sutra von den

Grundlagen der Achtsamkeit (Längere Sammlung Nr. 22). Dieses Sutra stellt die zentralen Lehren des frühen Buddhismus dar und beinhaltet einen großen Teil der in diesem Buch vorgestellten Übungen. Wer sich näher mit Grundformen buddhistischer Meditation befassen möchte, findet gute Einführungen in den folgenden Büchern: *Nyânaponika, Geistestraining durch Achtsamkeit; Thich Nhat Hanh, Umarme deine Wut.*

Die Kapitel »Grundgefühle und Reaktionen«, »Grundstimmungen«, »Trägheit, Sorgen, Zweifel, Schuldgefühle« zeigen die Verbindung zwischen Grundgefühlen, Grundstimmungen und eingefahrenen emotionalen Reaktionen. Es werden Varianten von Trägheit, Sorgen, Zweifeln und Schuldgefühlen erörtert und einige Heilmittel aufgeführt. Diese Themen lassen sich vertiefen mit den Büchern: *Ayya Khema, Vier Ebenen des Glücks; Fred von Allmen, Die Freiheit entdecken.*

Im nächsten Kapitel geht es um die Leiden des Lebens. Weil heute so viele Menschen unter Ängsten leiden, wird Angst als eigener Schwerpunkt behandelt. Durch ihre mangelnde soziale Verwurzelung fühlen sich viele Menschen im Westen nicht mehr verbunden mit ihrer Umgebung und ihren Mitmenschen. Der Buddhismus interpretiert Angst in erster Linie als Angst vor bestimmten Grundleiden, die dem Leben immanent sind. Darüber hinaus hat Angst immer auch mit unrealistischen Vorstellungen und Erwartungen zu tun. Vertiefen lassen sich die Themen Angst, Abgetrenntheit, Grundleiden des Lebens und unrealistische Erwartungen mit dem Buch: *Sylvia Wetzel, Das Herz des Lotos (hier vor allem 144 ff.);* für ein besseres Verständnis der psychologischen Dimension empfehle ich: *Daniel Golemann, Emotionale Intelligenz.*

Das Kapitel »Vertrauen und Erwachen« befasst sich mit der Bedeutung und den verschiedenen Ebenen des Vertrauens. Existenzielle Ängste können uns aufrütteln und auf den Weg des Vertrauens und der Zuflucht zum Buddha, seinen Lehren und der Gemeinschaft anderer Praktizierender bringen. Buchempfehlung zu den Themen Vertrauen und Zuflucht: *Dalai Lama, Gesang der Inneren Erfahrung.*

Das Kapitel »Freude am Weg« befasst sich mit der Bedeutung der Freude. Alle Formen von Angst und Unbehagen lösen sich auf, wenn wir Freude erleben und von tiefer Dankbarkeit für unser kostbares Menschenleben erfüllt sind. Weiterführende Bücher zu den Themen Liebe, Mitgefühl, Freude und Gleichmut sind: *Ayya Khema, Vier Ebenen des Glücks; Dalai Lama, Gesang der Inneren Erfahrung; Patrul Rinpoche, Die Worte meines vollendeten Lehrers.*

Das Kapitel »Annäherungen an die Natur des Geistes« nähert sich dem Schlüsselbegriff des Mahayana: der Buddha-Natur, auch »Natur des Geistes« oder »Tiefenstruktur unseres Wahrnehmungsvermögens« genannt. Diese Tiefenstruktur ist immer vorhanden, wird jedoch meist von verschiedenen Schleiern und Verblendungen verdeckt. Die tibetischen Schulen haben sich ausführlich mit dem Thema beschäftigt. Literaturempfehlungen sind: *Berzin Alexander, Den Alltag meistern wie ein Buddha; Rigzin Shikpo, Meditation und Achtsamkeit; Pema Chödrön, Beginne, wo du bist.*

Das Kapitel »Was ist Übung?« soll Sie bei der regelmäßigen Übung unterstützen. Ausführlichere Anregungen zu Meditationsübungen finden Sie in vielen Büchern. Falls Sie der Ansatz in diesem Buch inspiriert, empfehle ich Ihnen meine beiden anderen Bücher mit Thesen, Tipps und Übungen: *Sylvia Wetzel, Das Herz des Lotos; Sylvia Wetzel, Hoch wie der Himmel, Tief wie die Erde.*

Die oben stehenden Buchempfehlungen und die Leseempfehlungen im Anhang sind Vorschläge für unterschiedliche Menschen. Sie brauchen diese Bücher nicht alle durchzuarbeiten. Sie können zunächst die Übungen in diesem Buch ausprobieren. Wenn Sie mehr wissen wollen, schauen Sie sich das eine oder andere Buch genauer an. Die im Anhang genannten Buddhistischen Dachverbände nennen Ihnen gerne buddhistische Zentren in ihrer Nähe. Suchen Sie so lange, bis Sie auf Menschen stoßen, mit denen Sie offen sprechen können und von denen Sie sich einigermaßen verstanden fühlen. Das Herz des Weges sind weder die Theorien noch die Menschen. Es ist die Übung, die Sie verwandelt. Dann können Sie die buddhistischen Arbeitshypothesen nutzen und sich von

Menschen inspirieren und begleiten lassen, die den Weg selbst gehen.

Mögen Sie einen Weg finden, der Ihnen hilft, leichter zu leben. Ihr Leben wird leichter, wenn Ihr Herz offen und Ihr Geist klar ist. Dann können sie das Beste aus jeder Situation machen und das Beste in allen Menschen fördern, denen Sie begegnen.

Mögen Sie glücklich sein – zumindest so glücklich wie möglich.

Anhang

Leseempfehlungen

Lesen kann Verstehen fördern. Allerdings nur dann, wenn wir beim Lesen Raum lassen für eigene Fragen. Auch buddhistische Vorträge und Texte entfalten ihre volle Wirkung erst dann, wenn wir sie als Spiegel nutzen, in dem wir unser eigenes Denken erkennen. Weisheit entsteht, wenn wir uns, andere Menschen und die Umstände unseres Lebens nicht nur aus einer Perspektive betrachten und bewerten können, sondern auch vom Standpunkt anderer Menschen und anderer Traditionen. Ein bekanntes Bild aus der buddhistischen Tradition lautet: Alles, was man in Worten denken, schreiben oder sagen kann, ist nur ein Finger, der auf den Mond zeigt. Wir verstehen nicht mehr und nicht besser, wenn wir Finger analysieren, sie miteinander vergleichen und Partei für bestimmte Finger ergreifen. Wenn wir klug sind, nutzen wir die Fingerzeige der Lehren und schauen den Mond an. Viel Spaß beim Blick auf den Mond.

Zur besseren Orientierung sind die Titel nach Schwerpunkten sortiert und mit einem kurzen Kommentar versehen.

Zur Einstimmung

Stephen Batchelor, Buddhismus für Ungläubige. Frankfurt: Fischer Spirit, 2006. *Oder: Buddhismus ohne Glaubenssätze. Anregung zum Selberdenken.*

Kathleen McDonald, Wege zur Meditation. München: Diamant, ²1994. *Freundliche Hinführung an den tibetischen Buddhismus, mit Übungen.*

Thich Nhat Hanh, Das Wunder der Achtsamkeit. Berlin: Theseus, 2006. *Klassiker mit wunderbar einfachen Achtsamkeitsübungen für den Alltag.*

Thich Nhat Hanh, Umarme deine Wut. Berlin: Theseus, 2006. *Ein klare und praxisbezogene Einführung in die Achtsamkeitsübung in Form eines Kommentars zum Sutra von den Vier Grundlagen der Achtsamkeit.*

Jack Kornfield, Frage den Buddha und geh den Weg des Herzens. München: Kösel, ^{5}2000/Berlin: Ullstein, 2004. *Anschaulich, gründlich, liebenswürdig, mit vielen Geschichten und praktischen Beispielen, enthält auch kritische Überlegungen zum Lehrer-Schüler-Verhältnis.*

Rigdzin Shikpo (Michael Hookham), Meditation und Achtsamkeit. Berlin: Theseus, 1999. *Inspirierende und differenzierte Erläuterung von Buddha-Natur, Achtsamkeit und anderen grundlegenden Themen.*

Sylvia Wetzel, Hoch wie der Himmel, Tief wie die Erde. Praktische Meditationen zu Liebe, Beziehungen und Arbeit. Berlin: Theseus, ^{2}2002/München: dtv, 2004. *Übungen zu den oben genannten Themen aus unterschiedlichen Traditionen, kulturneutral aufbereitet.*

Sylvia Wetzel, Das Herz des Lotos. Frauen und Buddhismus. Frankfurt: Fischer Spirit, ^{3}1999. *Einführung in den Buddhismus mit vielen Übungen und eine kulturkritische Analyse der Rolle der Frauen und des Weiblichen im Buddhismus. Mit vielen Übungen zur Klärung der eigenen Rolle als Frau.*

Gesamtdarstellungen

Samuel Bercholz und Sherab Chözin, Ein Mann namens Buddha. Sein Weg und seine Lehre. München: Barth, 1994. *Guter Überblick mit längeren Textauszügen aus allen Traditionen, ausführlichen Literaturhinweisen und umfassendem Adressteil. (vergriffen)*

Peter Gäng, Was ist Buddhismus? Frankfurt: Reihe Campus 1989, 1996. *Differenzierte und intellektuell anspruchsvolle Darstellung von Theravada und Mahayana (und ein kurzer Überblick über das Vajrayana) mit ausführlichen Literaturhinweisen zu allen Schulen. (vergriffen)*

Detlef Kantowsky, Buddhismus. Freiburg: Aurum, 1993. *Guter Überblick mit kurzen Zitaten, ausführlichen Leseempfehlungen und Hinweisen auf buddhistische Zeitschriften und Zentren im deutschsprachigen Raum. (vergriffen)*

Volker Zotz, Geschichte der buddhistischen Philosophie. Reinbek: Rowohlt Enzyklopädie 537, 1996. *Gründlicher und klarer Überblick, auch über die unterschiedlichen sozialen und kulturellen Bedingungen der Länder, in welche die buddhistischen Lehren gelangten.*

Die Worte des Buddha

Die Reden des Buddha. Die Mittlere Sammlung. Die Längere Sammlung. Die Gruppierte Sammlung u. a., in Übersetzungen von Karl Eugen Neumann u. a. Herrnschrot: Beyerlein und Steinschulte, 1995, 1996, 1997. *Die Sprache des Wiener Indologen wirkt nach hundert Jahren etwas antiquiert, ist häufig nicht korrekt, aber unübertroffen poetisch und ausdrucksstark.*

Dennis Ligwood (Sangharakshita), Das Buddhawort, Das Schatzhaus der heiligen Schriften. München: Barth, 1992. *Eine Einführung in die klassische buddhistische Literatur aller Strömungen. (vergriffen)*

Weitere Hinweise in: Kantowsky und Berchholz/Chözin (s. o. Gesamtdarstellungen).

Früher Buddhismus, Theravada & Vipassana

Fred von Allmen, Die Freiheit entdecken. Freiamt: Arbor, 1999. *Gründliche und klare Erläuterung der Grundthemen des Buddhismus.*

Joseph Goldstein und Jack Kornfield, Einsicht durch Meditation: Die Achtsamkeit des Herzens. Buddhistische Einsichtsmeditation für westliche Menschen. Freiamt: Arbor, 2006. *Der Klassiker, mit den gesammelten Vorträgen eines typischen Vipassana-Kurses.*

Hans Gruber, Kursbuch Vipassana. Weg und Lehrer der Einsichtsmeditation. Frankfurt: Fischer Spirit, 1999. *Ein kluger, gründlicher und gut lesbarer Überblick über die unterschiedlichen Strömungen der modernen Vipassana-Methoden mit sehr ausführlichen Hinweisen auf Literatur, ihre Bezugsquellen, buddhistische Zentren und Lehrende. (vergriffen)*

Ayya Khema, Vier Ebenen des Glücks. Uttenbühl: Jhana, 2000. *Gründlicher Überblick über das Glück der Sinnenfreuden, des offenen Herzens, der Sammlung und der Einsicht. Es gibt inzwischen mehr als zwanzig Veröffentlichungen von Ayya Khema auf Deutsch.*

Nyânaponika, Geistestraining durch Achtsamkeit, 1979. Herrnschrot: Beyerlein & Steinschulte, [5]2000. *Der Klassiker zum Satipatthana-Sutta, präzise, anspruchsvoll und klar. Enthält auch das ganze Sutta.*

Marie Mannschatz, Lieben und Loslassen. Durch Meditation das Herz öffnen. Berlin: Theseus, 2002. *Die Berliner Vipassana-Lehrerin und Schülerin Jack Kornfields zeigt mit einer zeitgemäßen Beschreibung der Metta-Meditation einen Weg zu mehr Liebe für uns und andere.*

Zen

Charlotte Joko Beck, Zen im Alltag. München: Knaur, 2005. *Die große alte Dame des Zen verbindet amerikanische Pragmatik mit östlicher Geistigkeit und Disziplin. Eine echte Inspiration für den Alltag.*

Bernard Glassman, Anweisungen für den Koch. Lebensentwurf eines Zen-Meisters. Hamburg: Hoffmann und Campe, 1997. *Am Beispiel eines fünfgängigen Menüs erläutert Glassman Roshi mit viel Humor die Verbindung von systematischer Übung und sozialem Engagement. (vergriffen)*

Toshihiko Izutsu. Philosophie des Zen. Reinbek: Rowohlt 1979. *Brillant geschriebener Überblick über zen-buddhistisches Denken aus der Feder eines in westlicher Philosophie bewanderten und deutsch lesenden (!) Islamkenners. (vergriffen)*

Toni Packer, Der Moment der Erfahrung ist unendlich. Berlin: Theseus, 1996. *In diesen Texten scheint die Weite des inneren Raumes auf. Für angestrengt Übende wunderbar zum Entspannen. (vergriffen)*

Shunryu Suzuki, Zengeist, Anfängergeist. Berlin: Theseus, [11]2000. *Der Klassiker des japanischen Soto-Zen-Meisters, der lange in den USA lebte.*

Tibetische Traditionen und Tantrischer Buddhismus

Berzin Alexander, Den Alltag meistern wie ein Buddha. Übungen für den feinfühligen Umgang mit sich selbst und anderen. München: Diamant, 2001. *Der Buddhismuswissenschaftler und Meditationslehrer Dr. Alexander Berzin entwickelt anhand zentraler Kategorien und Lehrinhalte des tibetischen Buddhismus Übungen, die interessierten Neulingen einen praxisbezogenen Zugang geben und Praktikern einen neuen Blick auf bekannte Themen ermöglichen. Bietet auch eine gute Hinführung an das komplexe Thema Buddha-Natur.*

Pema Chödrön, Beginne, wo du bist. Freiburg: Aurum, [5]2006. *Ein beliebter eindrücklicher Kommentar der 59 Merksätze des Lojong.*

Pema Chödrön, Wenn alles zusammenbricht. München: Goldmann, 2001. *Beide Bücher für Neulinge und alte Hasen geeignet. Erfrischend, frech und bodenständig.*

Dalai Lama, Gesang der Inneren Erfahrung. Hamburg: Dharma Edition, [2]1998. *Ausführlicher und traditioneller Kommentar zum tibetischen Stufenweg des Erwachens (Lamrim). Auch gut für Studiengruppen geeignet.*

Dalai Lama, Logik der Liebe. Aus den Lehren des Tibetischen Buddhismus für den Westen. München: Goldmann, 1998. *Unterschiedlich komplexe Vorträge zu einem breiten Spektrum von Themen, von einfach bis technisch, von Zuflucht bis Tantra. Zum Einsteigen und Vertiefen geeignet.*

Peter Gäng, Der Tantrische Buddhismus, Experimentelle Mystik – Radikale Sinnlichkeit. Berlin: Theseus, 2001. *Spannende Darstellung des tantrischen Buddhismus nach den indischen Originalquellen mit besonderer Berücksichtigung des Verhältnisses von weiblich und männlich.*

Gampopa, Der Kostbare Schmuck der Befreiung. Eine Einführung in den buddhistischen Weg. Berlin: Theseus, 1996. *Klassischer Text zum Stufenweg der tibetischen Kagyu-Tradition aus dem 12. Jahrhundert in einer gelungenen neuen deutschen Übersetzung. (vergriffen)*

Jeffrey Hopkins, Meditations on Emptiness. Sommerville: Wisdom Publications, 1996. *Gelehrtes Werk über die zentralen Lehren und Übungen der tibetischen Gelug-Tradition zum Thema Geist und Leerheit. Enthält eine ausführliche Beschreibung der 51 Geistesfaktoren. Leider bislang nur auf Englisch erhältlich.*

Kalu Rinpoche, Der Dharma, der wie Sonne und Mond alle Wesen erleuchtet. Wachendorf 1990. *Der Weg zum Erwachen aus der Sicht der tibetischen Kagyu-Tradition mit einem wunderbaren Abschnitt über die Vier Schleier (S. 150 ff.). (vergriffen)*

Patrul Rinpoche, Die Worte meines vollendeten Lehrers. Freiamt: Arbor, [2]2006. *Der Weg zum Erwachen aus Sicht der tibetischen Nyingma-Tradition mit vielen wunderbaren Geschichten aus dem Leben eines humorvollen großen Yogi des 19. Jahrhunderts.*

Chögyam Trungpa, Der Mythos Freiheit. Berlin: Theseus, [5]2002/Reinbek: Rowohlt, 2006. *Klassiker, der zum Üben inspiriert, das Herz öffnet und viele Fallen des geistigen Weges anspricht.*

Chögyam Trungpa, Spirituellen Materialismus durchschneiden. Berlin: Theseus, ⁴1999. *Immer noch unübertroffen im Aufzeigen von Fallen des Weges, vor allem des »spirituellen Größenwahns«.*

Chögyam Trungpa, Eine Insel des Jetzt im Strom der Zeit. Frankfurt: Krüger, 1995. *Scharfzüngige und erhellende Beschreibung der sechs Daseinsbereiche als innere Einstellungen zum Leben und zur Übung. (vergriffen)*

Chögyam Trungpa, Erziehung des Herzens. Buddhistisches Geistestraining als Weg zu Liebe und Mitgefühl. Freiamt: Arbor, 2000. *Der zeitgenössische Standard-Kommentar zum Lojong, endlich auch auf Deutsch erhältlich.*

Thubten Yeshe, Wege zur Glückseligkeit, Einführung in Tantra. München: Diamant, ⁴2006. *Bodenständige und inspirierende Einführung in die Grundprinzipien des buddhistischen Tantra.*

Frauen und Buddhismus

Tsültrim Allione, Tibets weise Frauen. Berlin: Theseus, 2001. *Der Klassiker mit spannenden Biografien buddhistischer Frauen aus Tibet aus zwölf Jahrhunderten.*

Sandy Boucher, Im Herzen des Feuers. Eine buddhistische Frau durchlebt Krebs. Berlin: Theseus, 2000. *Ein einfühlsamer Bericht über den Nutzen der Achtsamkeit bei einer schweren Krankheit. (vergriffen)*

Sylvia Wetzel, Das Herz des Lotos. Frauen und Buddhismus. Frankfurt: Fischer Spirit, 1998. *Einführung in den Buddhismus mit vielen Übungen und eine kulturkritische Analyse der Rolle der Frauen und des Weiblichen im Buddhismus. Mit praktischen Übungen zur Klärung der eigenen Rolle als Frau.*

Buddhismus und Psychotherapie

Akong Rinpoche, Den Tiger zähmen. Berlin: Theseus, 1993. *Inhalte und Methoden des Tara Rokpa Prozesses, der in einem säkularen Rahmen einen praktischen Zugang zu zentralen Prinzipien des Buddhismus gibt.*

Daniel Goleman, Emotionale Intelligenz. München: dtv, 1997. *Bereits ein Klassiker zum Thema Leben mit Herz und Verstand aus der Feder eines erfahrenen Psychologen und buddhistisch Übenden. Mit vielen Geschichten und guten Tipps fürs Leben.*

Edie Irwin, Heilende Entspannung. Nach der Tara Rokpa Methode. Berlin: Theseus, 2000. *Das Einstiegsbuch für Tara Rokpa. (vergriffen)*

Donna Witten, Akong Rinpoche. Beruf als Weg oder Die Kunst, entspannt Karriere zu machen. Berlin: Theseus, 1999. *Enthält alle Übungen des Tara Rokpa Prozesses in ihrer Anwendung auf den beruflichen Alltag. (vergriffen)*

Mark Epstein, Gedanken ohne Denker. Das Wechselspiel von Buddhismus und Psychotherapie. Frankfurt: Fischer Spirit, 1998. *Praxisbezogener Vergleich beider Ansätze aus der Feder eines erfahrenen Freudschen Psychoanalytikers und Vipassana-Übenden. (vergriffen)*

Luise Reddemann, Imagination als heilsame Kraft. Zur Behandlung von Traumafolgen mit ressourcenorientierten Verfahren. Stuttgart: Klett Cotta, [12]2006. *Die Chefärztin einer psychosomatischen Klinik setzt (buddhistische und andere) meditative Verfahren in der Trauma-Therapie ein und berichtet über erstaunliche Ergebnisse. Auch für nicht traumatisierte Menschen sehr nützlich.*

Fritz Riemann, Grundformen der Angst. 1961. München und Basel: Reinhardt, [37]2006. *Riemann spricht nicht über Buddhismus, doch erlaubt sein Klassiker nützliche Einblicke in psychologische Strukturen. Wer offen dafür ist, kann im Spiegel dieser Formen der Angst einige Fallen der spirituellen Praxis deutlich aufleuchten sehen.*

Kulturgeschichtliche und -psychologische Schriften

Stephen Batchelor, Mit anderen allein. Eine existentialistische Annäherung an den Buddhismus. Berlin: Theseus, 1992. *Ein inspirierender Blick auf zentrale buddhistische Kategorien. Der Essay »Flucht« behandelt das Zeitthema Angst aus neuer Warte. Gelungenes Beispiel einer respektvollen westlichen Rezeption des Buddhismus. (vergriffen)*

Martin Buber, Das dialogische Prinzip. Gütersloh: Gütersloher Verlagshaus, [10]2006. *Bubers epoche-machender Beitrag zum Wunder der Begegnung. Ein kluger und poetischer westlicher Blick auf ein spirituelles Leben in dieser Welt.*

Jean Gebser, Asien lächelt anders, in: Gesamtausgabe Bd. 6. Schaffhausen: Novalis, [2]1999. *Skizzen und Reiseeindrücke, die den Unterschied zwischen westlichem und östlichem Denken deutlich werden lassen.*

Jean Gebser, Ursprung und Gegenwart: Gesamtausgabe Bd. 2 und 3. Schaffhausen: Novalis, [2]1999. *Gebsers Hauptwerk. Eine anspruchsvolle und gleichzeitig gut lesbare Beschreibung des magischen, mythischen und mentalen Bewusstseins und der Anfänge des integralen Bewusstseins. Erleichtert das Verständnis unterschiedlicher religiöser, psychologischer, politischer und kultureller Ansätze auf allen Ebenen.*

Karl Jaspers, Einführung in die Philosophie. München: Piper Taschenbuch, [26]2005. *Wünschenswert wäre so ein kluges Buch über buddhistische Philosophie. Nach der Definition von Jaspers sind viele westliche Übende des Buddhismus Philosophinnen und Philosophen im besten Sinne.*

C. G. Jung, Psychologie und Religion. München: dtv, [6]2001. *Das Buch vermittelt kluge Einsichten in die Beziehung zwischen Psychotherapie und Seelsorge und eine anschauliche Beschreibung der Wirkung von Symbolen am Beispiel der katholischen Messe.*

C. G. Jung, Zivilisation im Übergang, Werke Bd. 10. Olten: Walter, [5]2001. *Differenzierte kulturkritische Betrachtungen unter anderem des indischen Denkens, der Nazizeit und der Rolle der Frauen.*

Erich Neumann, Ursprungsgeschichte des Bewusstseins. Olten: Walter, 2004. *Das Standardwerk über Ichbewusstsein und Unbewusstes im Spiegel der europäischen Mythologie. Mit bahnbrechenden Überlegungen zur Bedeutung von Gruppen und den Gefahren der Vermassung und Vereinzelung im Anhang.*

Erich Neumann, Tiefenpsychologie und neue Ethik. München: Kindler, 1964. Frankfurt: Fischer, 1985. *Eindrückliche Beschreibung der alten Vollkommenheitsethik mit ihren Fallen für heutige Menschen und der auf Vollständigkeit ausgerichteten neuen Ethik. Neumann entwickelte diese Konzeption als Versuch der Verarbeitung der Nazizeit. (vergriffen)*

Erich Neumann, Kulturentwicklung und Religion. Rascher, 1953. Frankfurt: Fischer, 1978. *Ein systematischer Überblick über unterschiedliche religiöse Erfahrungen in unterschiedlichsten Kulturen und psychologisch unterschiedlichen Menschentypen. (vergriffen)*

Paul Tillich, Wesen und Wandel des Glaubens. Berlin: Ullstein Weltperspektiven, 1975. *Kluge und anschauliche Interpretation von Glauben als »Ergriffensein vom Unbedingten« oder »Leidenschaft für das Unendliche« aus Sicht eines klugen und gläubigen Protestanten. (vergriffen)*

Ken Wilber, Eros, Kosmos, Logos. Eine Jahrtausend-Vision. Frankfurt: Fischer, ^{4}2001. *Ein kluger Mann beschreibt, wie das abendländische Denken entstand und woran es krankt. Erspart viel weitere Lektüre.*

Ken Wilber, Eine kurze Geschichte des Kosmos. Frankfurt: Fischer, ^{6}2002. *Enthält das Wilber'sche Denken in knapper Form als Fragen und Antworten. Das Buch entstand als Antwort auf Rückmeldungen zu Eros, Kosmos, Logos.*

Sylvia Wetzel

Einladung zur Muse, Kreuz.

Das Herz des Lotos. Frauen und Buddhismus. edition steinrich.

Hoch wie der Himmel, tief wie die Erde. Meditationen über Liebe, Beziehungen und Arbeit. Theseus.

Leichter Leben. Meditationen über Gefühle. Lehmanns Media.

Leichter Leben. Audio-CD. Bezug über die Autorin.

Worte wirken Wunder. Reden mit Herz und Verstand. Lehmanns Media.

Zusammen mit Luise Reddemann

Der Weg beginnt mit den Füßen.

Mitgefühl und Achtsamkeit in Krisen und Übergängen. Kreuz.

Kontexte von Achtsamkeit. Kohlhammer.

Das „Herz des Lotos" und „Leichter leben" enthalten ausführliche und kommentierte Literaturempfehlungen zu vielen der in diesem Buch angesprochenen Themen.

Sylvia Wetzel in der Edition tara libre

Arbeit und Muße: Hommage an Hannah Arendt. 2004.

Allein und mit anderen. 2004.

Poesie des Erwachens. Eins: Buddhismus. 2000.

Poesie des Erwachens. Zwei: Erwachen. 2003.

Poesie des Erwachens. Drei: Aus dem Abendland. 2004

Weitere Titel von Sylvia Wetzel, Bücher und Schriften, CD's und MP3-CD's von öffentlichen Vorträgen und Tagesseminaren erhalten Sie in der edition tara libre.

edition tara libre, Lindenstr. 6, 14974 Ludwigsfelde

Weitere Leseempfehlungen, das aktuelle Veranstaltungsprogramm und das Gesamtprogramm der edition tara libre finden Sie auf meiner Homepage

www.sylvia-wetzel.de

Adressen

Kurse mit Sylvia Wetzel
Nives Bercht, Heckmannufer 4a, 10997 Berlin
(030) 618 12 14,
info@sylvia-wetzel.de
www.sylvia-wetzel.de
www.buddhistische-perspektiven.de
www.buddhistische-akademie.de

Informationen über buddhistische Zentren

Deutschland:
Deutsche Buddhistische Union (DBU) e.V.
Redaktion Buddhismus Aktuell
Amalienstr. 71
80799München
Tel. 089/280104Fax 089/281053
www.buddhismus-deutschland.de
www.buddhismus-aktuell.de

Schweiz:
Schweizer Buddhistische Union (SBU)
Postfach 1809
CH-8021Zürich
info@sbu.net

Österreich:
Österreichische Buddhistische Religionsgesellschaft (Ö'BR)
Fleischmarkt 16
A-1010Wien
Tel: ++43/1-51237
office@buddhismus-austria.at
www.buddhismus-austria.org

Eigenständige Zeitschrift:
Ursache & Wirkung
www.ursache.at